U0895574

三峡库区的土地退化与生态重建

董 杰 杨达源 著

科 学 出 版 社
北 京

内 容 简 介

本书是国家自然科学基金资助项目“长江三峡库区地貌过程的研究”（批准号：40272126）和国土资源部重点项目“三峡库区岸坡第四纪堆积特征及沿江公路路基稳定性研究”的部分研究成果。本书以紫色土坡地为例，在实地调研和前人研究成果的基础上，首先阐明了三峡库区紫色土的形成与侵蚀特征，并通过对该区紫色土坡地典型剖面和坡面进行采样，运用^{137}Cs示踪测试技术对库区土壤侵蚀速率进行定量分析；然后采用土地特性系列比较法，选择土壤质地、土壤养分和pH等11种退化指标进一步对土地退化特征进行定量分析，用模糊综合评判模型对不同土地利用方式和不同坡度段土地退化程度进行综合评判，并深入分析了三峡库区土地利用特征及土地退化的形成机制；最后运用恢复生态学及其相关理论对退化土地生态系统进行恢复与重建。

本书可供大专院校和科研院所从事土壤学、地理学、生态学、农学等领域的科研工作者参考。

图书在版编目（CIP）数据

三峡库区的土地退化与生态重建/董杰，杨达源著. —北京：科学出版社，2010.6

ISBN 978-7-03-027641-4

Ⅰ. ①三… Ⅱ. ①董… ②杨… Ⅲ. ①三峡-土地退化-防治-研究 ②三峡-生态环境-环境保护-研究 Ⅳ. ①F323.211 ②X321.271.9

中国版本图书馆CIP数据核字（2010）第090803号

责任编辑：吴凡洁 王向珍/责任校对：桂伟利
责任印制：赵 博/封面设计：耕者设计工作室

科学出版社 出版
北京东黄城根北街16号
邮政编码：100717
http://www.sciencep.com

铭浩彩色印装有限公司 印刷

科学出版社发行 各地新华书店经销

*

2010年5月第 一 版 开本：B5(720×1000)
2010年5月第一次印刷 印张：8 1/2
印数：1—1 500 字数：138 000

定价：50.00元

如有印装质量问题，我社负责调换

前　言

土地退化问题由来已久，在人类定居、农业出现之时就已存在。近年来，世界人口急剧增长，耕地日益减少，人类对土地资源的过分依赖导致森林锐减，再加上对草原的过度放牧和开垦等一系列人为活动，加快了土地的退化进程，致使土地生产力局部丧失或全部丧失。尤其是土地退化造成土壤肥力降低以至丧失的现状给农业的持续发展带来了严重的影响，其突出表现为土地退化的类型越来越多、分布越来越广、程度越来越重、退化速度越来越快。随着土地退化空间的不断扩大和强度的日益增加，原来局部的、次要的变化已转化为全球性的重大变化，威胁人类赖以生存的环境，土地退化成为当今世界人类面临的最大挑战之一。因此，关于土地退化，特别是人为因素导致的土地退化的发生机理与演变动态、时空分布规律及生态恢复与重建对策，已成为研究全球变化的最重要的组成部分，并将继续成为21世纪环境科学、土壤学、农学、地理科学等学科共同关注的课题。

土地退化是自然因素和人为因素综合作用的动态过程，特别是因各种不合理的人类活动所引起的土地和土壤退化问题，已严重威胁当今世界农业发展的可持续性。据统计，目前全球土地退化面积已达近 $2\times10^7km^2$。就地区分布来看，地处热带、亚热带地区的亚洲、非洲土地退化尤为突出，约 $3\times10^6km^2$ 的严重退化土地中有 $1.2\times10^6km^2$ 分布在非洲、$1.1\times10^6km^2$ 分布在亚洲；就土地退化类型来看，侵蚀退化占总退化面积的84%，是土地退化的最主要类型之一，其中水蚀影响占56%，风蚀影响占28%；就退化等级来看，以中度、严重和极严重退化为主，轻度退化面积仅占总退化面积的38%。

我国是世界上土地退化比较严重的国家之一。目前沙漠化土地的总面积已达 $1.61\times10^6km^2$，约占国土陆地总面积的16.7%。研究显示，20世纪50～70年代，我国沙漠化土地平均每年扩大1560km^2，进入80年代，平均每年增加2100km^2，而目前沙漠化土地则以每年2460km^2 的速度增长，这说明我国沙漠化的发展速度正在进一步加快；另外我国由沙漠化所造成的干旱、半干旱区的草地和耕地退化现象也十分严重，其退化面积分别占该区草地和耕地面积的59.5%和46.9%，这进一步增加了我国沙漠化土地恢复重建的难度。我国水土流失状况相当严重，总面积已达 $3.67\times10^6km^2$，占我国陆地总面积的

38.2%，而且每年还在以 10000km^2 的速度递增。其中，长江流域 13 个重点流失县水土流失面积调查结果表明，在过去的 30 年中，其土壤侵蚀面积以平均每年 1.2%～2.5%的速度增加，不合理的利用，特别是对坡地的随意开垦，进一步加重了水土流失的程度。此外，其他形式的土地退化也相当严重。例如，我国约有 1/5 的耕地已受到不同程度的化学污染，非农业占地也十分严重，并有逐年增加的趋势。

三峡库区是长江上游重点水土流失区之一，土地退化的主要表现形式是土壤侵蚀。库区地貌类型以山地为主，面积约占 74.0%，丘陵占 21.7%，平地仅占 4.3%。紫色砂页岩约占总面积的 45%，其特性是成土过程快，质地松软，易于风化；花岗岩经长期风化，形成 20～30m 的风化层，疏松深厚，极易流失和崩塌。库区山高坡陡、土层疏松，加上降雨集中、强度大，水力冲蚀作用强烈，极易形成水土流失。随着库区人口的逐年增多，土地开发强度逐渐加大，森林覆盖率锐减，水土流失日益严重。同时库区移民和大量公路、桥梁、城镇等基础设施的建设将改变很多原有的坡地形态，人类活动的加剧将加快坡地土壤侵蚀过程。目前库区各县森林覆盖率仅为 3.0%～15.7%，低于长江流域 21.98%的平均水平。有关资料显示，目前三峡库区水土流失面积占库区土地总面积的 66.1%，其中中度流失占 40.4%，强度以上流失面积占 29.0%，无明显流失的面积仅占 6.3%，土壤侵蚀模数为 4858t · km^{-2} · a^{-1}。水土流失造成土壤薄层化，质地发生沙化和石质化，肥力降低。

三峡库区是我国人地矛盾非常尖锐的地区之一。人口密度 260 人 · km^{-2}，超过全国平均人口密度的一倍多，人均耕地仅 0.06hm^2。随着工程的建设、移民的迁建和库区的蓄水，大量土地被占用和淹没，本已十分尖锐的人地矛盾变得更加突出。但在目前有限的耕地中，65.5%的耕地为坡耕旱地，其中 43.5%的耕地坡度大于 25°，库区坡地的垦殖指数已达 44.5%。紫色土是库区主要的坡地土壤资源，其面积占该区土地总面积的 19%（109°E 以东）～40%（109°E 以西），占耕地面积的 78.7%。紫色土具有成土作用迅速、矿物组成复杂、矿质养分含量丰富、耕性和土壤生产性好、自然肥力高等特点，适宜种植多种作物，生产潜力较大。但该土壤还存在抗旱性较差、侵蚀强烈、土地退化严重等问题。可见，对于紫色土坡地的保护和合理开发利用，事关库区的粮食安全和生态安全。因此，进行坡地生态环境建设，防止水土流失和土地退化，提高坡地生产力等成为库区建设的重点。

举世瞩目的三峡工程关系到国计民生，三峡水库的使用寿命、库区生态环境状况、土地质量状况等都是非常受关注的课题。三峡库区紫色土坡地土地退化的研究对库区生态环境建设、紫色土坡地土地的合理开发利用、防止坡耕地的水土流失和土地退化、土壤环境质量监测等都具有指导作用，并对保护三峡库区水质以及延长水库使用寿命等具有重要的现实意义。

本书针对上述情况进行了研究，并在此基础上提出了一系列土地退化的调控措施，希望能以此促进国内相关领域的研究。

在本书完成过程中，南京大学的彭补拙教授、张捷教授、周生路教授给予很多有益的指导和建议。本书也得到聊城大学学术著作出版资助。还有很多方方面面的关心和支持，在此深表谢意。书中不妥之处，敬请各位同行和读者批评指正。

董 杰

2009 年 7 月于聊城大学

目　　录

第1章 绪　　论

1.1　土地退化的概念和内涵

关于土地退化的概念国内外已有很多表述，目前尚无统一界定。Chartres等（1994）认为，土地退化是所有成因因子或其组合的产物，它们降低了土地的物理、化学或生物状态，并限制了土地的生产力。Blaikie和Brookfield（1987）认为，土地退化是土地经受内在质量的损失或其容量的衰减，因此最好的表述不应是单要素的，而是多种力共同作用的产物，其中人和自然力都有各自的位置或作用，可以表述为：土地净退化＝｜自然退化过程＋人为干扰｜－｜自然再生产过程＋恢复管理｜。《现代地理学辞典》对土地退化的解释为：自然力或人类利用中的不当措施或二者共同作用而导致土地质量变劣的过程和结果（左大康等，1990）。赵其国（1995）认为，土地退化是指人类对土地不合理利用而导致土地质量下降乃至荒芜的过程。土地退化的概念包含以下几点：①人类活动是土地退化的基本动力之一；②土地退化是相对的，受一定时间与空间限制，并处于动态平衡之中；③土地退化过程研究必须以土壤肥力（养分）的退化与恢复重建为核心；④土地退化过程与土地恢复重建过程是两个普遍存在的相反过程，人类的任务在于调节它们的强度，趋利避害。张桃林等（2000）认为，土地退化（land degradation）是指在各种因素，特别是人为因素影响下所发生的、导致土壤的农业生产能力或土地利用和环境调控潜力，即土地质量及其可持续性下降（包括暂时的和永久性的）甚至完全丧失其物理的、化学的和生物学特征的过程，其核心是土壤退化。其中，土地质量（land quality）是指土地的生产力状态或健康（health）状况，特别是维持土地生态系统的生产力和持续土地利用及环境管理、促进动植物健康的能力。土地质量的核心是土地生产力，其基础是土壤肥力。王秋兵等（2004）根据前人的研究认为，土地退化是指在人类活动或某些不利自然因素的长期作用和影响下，土地生态平衡遭到破坏、土壤和环境质量变劣、调节再生能力衰退、承载力逐渐降低的过程，其核心是土壤退化。

可见，“土地退化”与“土壤退化”的概念有所不同，但从实质上讲，土地退化的基本内涵与变化过程是通过土壤退化反映的，它包括土壤的物理退化、化学退化和生物退化（赵其国等，2002）（具体可分为土壤的侵蚀化、沙化、盐渍化、肥力贫瘠化、酸化、沼泽化及污染化等）。因此，近年来国际上常用“土壤退化”一词来代替“土地退化”（赵其国等，1990）。

可以看出，不同学者由于认识角度的差异及对土地退化成因、过程和结果的侧重，对其概念的表述也不尽一致。不过，这些概念都强调了两个关键的方面：一是土地系统的生产力必须有显著下降；二是这种下降是人类活动或不利的自然事件导致的结果。土地退化过程包括人类活动和居住方式所引起的风蚀、水蚀等作用，导致土壤物理、化学、生物和经济特性的恶化，自然植被的长期丧失等（UNEP，1992a）。它主要表现为土地生产系统生物生产量的下降、土地生产能力的衰退、土地资源的丧失和土地地表出现不利于生产活动的状况（朱震达，1994）。

从生态学的观点看，土地退化就是植物生产条件的恶化，土地生产力的下降。从系统论的观点看，土地退化是人为因素和自然因素共同作用的结果。从土地退化的后果来看，土地退化主要是一种对社会经济的危害，包括对农业和人体健康的危害，对水利、交通和城镇设施的危害，造成地区贫困化。从土地退化防治角度看，是人们在接受了土地可持续利用思想的基础上，发挥社会的组织和管理职能，通过人类活动影响并进而改变土地质量的变化方向，重建或恢复土地的生态环境（Hans，1992）。

以上述对土地退化概念的理解为基础，笔者给出土地退化的定义如下所述。

土地退化是指在不利的自然因素和人类对土地不合理利用的影响下，土地生态系统遭到破坏，土地质量和环境劣化，最终导致土壤的物理、化学和生物学特征及土地生产能力持续下降甚至完全消失的过程。基于以上认识，我们认为，这一概念包含以下几方面的含义：

（1）人类不合理的利用方式导致土地生态系统的破坏，使土壤发生物理、化学、生物特性的退化，从而导致土地生产力减退，因此人类活动是影响土地退化的主动力。

（2）土地退化过程实质上是一个长期的、复杂的和综合的动态平衡过程，其变化是通过时间与空间、数量与质量具体表现的。在一定的时间与空间条件下，土地退化与恢复重建过程是对立统一的。因此，土地退化是受一定时间与空间限制的，并且处于动态平衡之中。

（3）土地质量的核心是土地生产力，其基础是土壤肥力（土壤养分），亦即土地退化的核心是土壤退化，主要表现为土壤肥力退化。可见土壤肥力的退化与恢复重建过程是土地退化与恢复重建过程的核心。这是因为，土壤肥力（土壤养分）是建立持久农业的根本物质基础。因此，土地退化过程的研究必须以土壤肥力的退化与恢复重建为重点。

（4）土地退化与退化土地生态系统恢复重建过程是普遍存在的。只是这种过程在一定时间和不同的土地类型其表现程度不同而已。因此，人类的任务在于调节土地的退化与退化土地生态系统恢复重建的强度，使其向有利于防治土地退化和提高土壤肥力的方向发展。

1.2 国内外土地退化研究进展

1.2.1 土地退化的驱动因素

土地退化过程是一个长期的、综合动态平衡过程，其原因往往是错综复杂的，加之退化区的自然和社会经济状况及研究人员的背景等的差异，常常得出不同的解释，但概括起来，大致可分为：自然因素、人为因素和社会经济因素。

自然因素为土地退化提供了外在条件。就我国北方而言，地表为疏松的沙质沉积物，干旱季节与多风季节具有同步性；在南方则表现为降雨多而集中，地表组成物质松散，这些都成为土地退化的潜在因子。

人为因素，特别是人类不合理的活动是土地退化的主要原因。从北方沙漠化形成来看，过度放牧导致的沙漠化占30.1%，过度农垦占26.9%，过度樵采占33.7%，水资源利用不当占9.6%，工矿交通破坏占0.7%（杨朝飞，1997）。但人类对土地退化的影响又是复杂的。首先，人口的急剧增加是人类不合理活动的根源，人口增长加剧了人地矛盾，导致资源短缺甚至破坏；其次，粗放型经济活动也是造成土地退化的一个重要原因，因为落后的生产方式导致土地生产力衰竭，单位面积产量下降；最后，工矿建设导致的土地退化虽然面积小，但其发展速度快，影响大，危害严重。

社会经济因素主要包括人口变化、贫困、发展水平的不平衡、农业扩张政策、市场利益驱动、土地所有权问题、土地使用者对土地退化的态度和其他经济因素等（李颖，1998；Barrow，1991；Blaikie et al.，1987），但社会经济因素的考虑可能导致经济结构和制度体系的调整，因此提出了从制度体系方面进一步解决土地退化问题。

1.2.2 土地退化的分类

目前，国内外对土地退化类型的划分尚无统一方案，但多数研究者都是主要从土地退化的成因和后果进行划分。1971 年联合国粮农组织在《土地退化》一书中将土地退化粗分为侵蚀、盐碱、有机废料、传染性生物、工业无机废料、农药、放射性、重金属、肥料和洗涤剂等引起的 10 大类，这实际上也是国际上最初对土地退化的分类；1980 年 Allen 对于土地退化的分类问题又补充了旱涝障碍、土壤养分亏缺和耕地的非农业占用。20 世纪 80 年代，国内学者也纷纷撰文对土地退化进行分类。龚子同（1982）根据成因将土地退化划分为：水土流失引起的、耕作施肥不当引起的、污染引起的 3 大类；1990 年，他又撰文将土地退化细分为土壤侵蚀、土壤沙化、土壤盐渍化、土壤污染以及土壤性质恶化、耕地的非农业占用等（龚子同等，1990）。其中土壤侵蚀包括水蚀、冰融侵蚀、重力侵蚀；土壤沙化包括悬移风蚀、推移风蚀；土壤盐渍化包括盐渍化和次生盐渍化、碱化等；土壤污染包括无机物污染，农药污染，有机废物污染，化学肥料污染，污泥、矿渣和粉煤灰污染，放射性物质污染，寄生虫、病原菌和病毒污染；土壤性质恶化包括土壤板结、潜育化和次生潜育化、土壤酸化、土壤养分亏缺等。有的学者还将土地的非农业占用作为土地退化的 3 大类之一（赵其国等，1990）。事实上，耕地的非农业占用虽被认为是土地退化的一种形式，可使土地农业生产力消失，但在经济价值上难与其他土地退化相比拟。因此，土地的非农业占用（主要是建设占用）是土地的另外一种占用形式，不可与土地退化问题相提并论。对侵蚀退化，可细分为水蚀、风蚀、沙化、重力侵蚀和冰融滑坡侵蚀等。在某些自然因素的背景下，由于人类的长期耕作、管理和频繁活动，土壤化学和物理性质恶化而引起退化。其中，土壤化学性质的恶化而引起的退化指土壤的次生盐渍化、土壤养分丧失以及土壤污染等，土壤物理性质的恶化而引起的退化包括非水田的地表滞水、土壤压实和结构破坏等。90 年代中期，刘良梧等（1995）又将土地退化划分为土壤物质位移产生的和土壤性质恶化引起的 2 大类；刘慧（1995）则根据土地退化的成因和特点，将我国土地退化分为水土流失、土地沙化、土壤盐碱化、土地贫瘠化、土地污染和土地损毁 6 大类。

近年来，何毓蓉等（1996）结合紫色土的退化，按土壤退化特征，将土壤退化划分为土壤物理性退化、构造性退化、化学性退化和营养性退化 4 大类；

再按退化程度将土壤退化划分为未退化、轻度退化、中度退化、强度退化和极强度退化5类。其中土壤物理性退化是指土壤物理特性，如结构、质地、水热等诸多方面的劣化，主要形式有土壤侵蚀、黏重化、沙化或粗骨化、紧实化等；构造性退化指土壤表层减薄或缺失、土壤障碍层出现及其高位化、土体构型不合理等；化学性退化在此仅包括土壤酸化、石灰化、土壤污染毒化等；营养性退化指土壤养分流失或过度消耗以及与养分水平保持密切相关的某些性质恶化，表现在有机质贫瘠化，氮、磷、钾等下降以及阳离子交换性能减弱等方面。

鉴于土地退化分类方法多种多样，需要一个较为完整和统一的分类体系。目前从全世界范围看，最为广泛的土地退化分类方法是根据土壤特性，从退化性质上将土地退化划分为3大类，即物理退化、化学退化和生物退化（赵其国，1991）；另外也可从退化程度上将土地退化分为轻度、中度、强度和极度4类（UNEP，1992b；Oldeman et al.，1991；GLASOD，1990）。

1.2.3　土地退化评价的理论、指标体系与方法

1. 土地退化评价的理论

20世纪90年代后期，国内外土地退化的评价与监测在理论与方法上有了一定的进展，但相比而言，理论方面更多一些。进展主要反映在1997年出版的《世界荒漠化地图集》和对其他地区土地退化的评价中（Nicholas et al.，1997）。评价理论包括退化程度评价、总体退化状态评价、危险度评价以及相对应的指标体系等多方面，而理论的核心体现在退化程度和总体退化状态的评价上。虽然1984年联合国制定过具有详细量化指标的危险度的评价条例（Nicholas et al.，1992），但经实践发现可操作性差，且多是从速度、趋势、多样性等间接指标来反映荒漠化发展的危险性，因而其推广受到了限制。

目前的评价理论有3种，分别是全球人为作用下的土壤退化（GLASOD）、南亚及东南亚人为作用下土壤退化（ASSOD）和俄罗斯科学院提出的评价方法（RUSSIA）。上述理论都是联合国有关机构所提出的评价，并在不同的地区进行过土地退化监测实践。GLASOD的评价结果为土地的绝对退化，它通过一整套指标体系直接反映气候与人为因素共同作用下土地退化的现实状态。联合国1984年提出的评价方法与1992年和1997年出版的《世界荒漠化

地图集》里对世界和许多地区土地退化的评价都遵循了这一理论。ASSOD 将土地退化的现状与人为影响的强弱两方面结合起来，间接反映土地退化的相对大小，评价的结果代表了土地的相对退化。在绝对退化程度相同的条件下，经营与投入水平的高低同相对退化的程度成正比，因此 ASSOD 更能揭示退化的实质。RUSSIA 与前两种主要用土壤退化代表土地退化的单因素评价方法不同，它用多样性的概念将土壤、植被和地形综合起来进行多因素评价，属于真正综合的土地退化评价方法。该方法在分别确定植被、土壤和地形退化程度的基础上，依植被、土壤和地形程度间变异幅度的大小，即多样性的大小，综合进行退化状态的评价，体现了各因子差异退化的思想。差异大，多样性大，总体退化状态就低；差异小，多样性小即景观一致性强，恢复和治理难度大，总体退化程度就高。此外，还有将土地退化的损失进行货币化换算，用经济价值量的大小反映退化程度的探讨，但未形成系统的方法体系。

2. 土地退化评价指标体系

在土地退化评价指标体系方面，至今尚无统一而实用的标准。1977 年联合国环境规划署（UNEP）、联合国粮农组织（FAO）和世界气象组织（WMO）以人口和牲畜压力作为评价指标，编制了第一幅世界荒漠化地图。FAO 等（1984）提出了较全面系统的流水侵蚀评价指标体系。但由于其指标过于繁杂，相互之间有重叠性，加之可操作性较差，最终未被世界各国采用。UNEP（1992b）编制的全球流水侵蚀程度图中的部分指标也存在与前者类似的问题。

在国内，20 世纪 80 年代中期，水利电力部（1984）颁布了土壤侵蚀类型区划分和强度分级标准，并据此编制了全国和分省土壤侵蚀图。但是其更多地注意水土流失本身，而从土地退化及其整治利用角度考虑不够。土壤学家对土地退化一直给予较多关注，尤其在南方红黄壤地区、长江三峡地区、黄土高原和北方农牧交错带，然而，研究工作多侧重土壤本身的退化，因而所建立的指标多为土壤学的。

杨艳生（1998）从环境退化、形态退化、肥力退化、污染退化 4 个方面评价土壤退化；用植物类别、覆盖度、地被物厚度 3 个因子表征环境退化状况，用残留剖面构型、母质类型、地表形态 3 个因子表征形态退化状况，用化学退化、物理退化、微生物退化 3 个因子表征肥力退化状况，用有害元素含量和酸度提高表征污染退化状况；而化学退化再用土壤 pH、有机质、氮素、磷素、钾素、微量元素等具体指标量化，物理退化用团粒结构、紧实程度来描述。同时，在评价过程中，可根据实际情况对相关指标进行强度划分，若某些评价因子的强度值只能用定性描述的，可根据李景保（1990）所介绍的方法进行数值化处理。

卢金发（1999）对中国东部亚热带丘陵山地的退化进行了一系列研究，并提出了用植被类型、植被覆盖度、地面组成物质、成土母质出露比例、沟谷类型和沟谷面积比例作为土壤退化评价指标。

冷疏影等（1999）从土地质量方面对不同退化问题，建立了压力、状态、响应等相应的指标体系。

史德明等（2000）对中国南方花岗岩区土壤退化进行评价，建立了物理退化、化学退化和生物退化指标体系。物理退化包括土体构型、有效土层厚度、有机质层厚度、质地、容重、孔隙度、田间持水量、储水库容等指标；化学退化包括有机质含量和总储量、全氮含量和总储量、全磷含量和总储量、全钾含量和总储量、阳离子交换量等指标；生物退化指标包括凋落物含量、有机质含量损失率、有机质总储量损失率、生产力降低率、产投比和效益比值。储燕宁等（2003）从土壤水分有效性、养分有效性和生物土壤结皮的生态功能3个方面评价了农牧交错带土壤退化等。

上述评价指标体系的建立，有利于土地退化研究由定性评价阶段走向定量化阶段，也为土地退化评估提供可靠依据。需要指出的是，不同地区自然环境和人类活动影响不同，土地退化评价指标体系的建立应根据不同地区土地退化特征选择相应的评价指标。

3. 土地退化的监测与评价方法

遥感（RS）、地理信息系统（GIS）、全球定位系统（GPS），即3S的发展，为土地退化的动态监测提供了强有力的技术支持。土地退化的监测与评价也是随着RS、GIS和GPS的发展而不断发展的。20世纪80年代，国内外利用RS对土地退化的监测与评价主要处于目视解释阶段，即通过室内判读航片、卫片编绘荒漠化草图，再结合野外关键地带路线的考察最终成图。

前面阐述的GLASOD、ASSOD和RUSSIA 3种理论在实践上均以目视解释为主，依靠常规技术支持的经验性指标体系来完成，只是GLASOD代表了国际上在土地退化评价中普遍遵循的方法，简明扼要，操作方便。20世纪90年代的土地退化评价中，TM、MSS、SPOT、NOAA等多种时空分辨率RS数据开始融合，RS图像处理软件ERMAPPER、ERDAS、ENVI同一些GIS

软件，如ARC/INFO、PCI、MGE也逐步集成使用。相应的，基于3S的评价和监测的技术路线也应运而生。

目前，主要的评价方法有两种：一种是运用图像处理软件，通过监督与非监督分类，直接划分类型和程度；另一种是选择几个基于RS、GIS的指标，给出不同的权重，通过综合来得出结果。例如，阿根廷利用AVHRR、LAC（large area coverage）资料，建立了一个与草原生态系统物候相适应的主影像系列，作为镶嵌不同时代影像资料的标准；然后结合野外调查与精度较高的影像（MSS），直接通过监督与非监督分类，确定土地退化的状态类型（Valle et al.，1998）。Tripathy在对印度Gulabarga沙漠化的监控研究中，利用MSS和印度资源卫星（IRS）数据，通过GIS融合地面信息，完成对土地退化的评价。选取的指标有反射率（ALB）、归一化植被指数（NDVI）、土壤侵蚀速率和土壤水分，其中前两个来源于RS，后两个由常规资料获得。ALB和NDVI综合反映了荒漠化土壤水分、植被、土壤侵蚀几方面的状态，具有极高的信息量，利于宏观监控。土壤侵蚀速率和土壤水分分别根据土壤通用侵蚀方程（USLE）和气象参数来计算。这样根据源于RS和GIS的指标将荒漠化程度确定为轻、中和重三级（Tripathy et al.，1996）。高尚武等（1998）在1995～1997年，按干旱、半干旱和受干旱影响的亚湿润区域分类，分别选取甘肃、宁夏和内蒙古部分县（旗）作为研究地点，通过随机抽样设置样地，采用GPS确定样地的中心位置，利用TM遥感资料初步建立了一个由植被盖度、裸沙占地百分比和土壤质量3个指标组成的沙质荒漠化监测评价指标体系。利用RS手段对土地退化的监测，虽然成本低、宏观、及时且有广阔的应用前景，但是目前仍有许多技术问题需要解决，其中最突出的是植被的高波动。

基于3S的评价和监测的技术路线，是目前先进、完善且实用的技术方法，即利用研究区域的RS信息、GIS数据源等资料进行分类分级，在专家意见的帮助下，进一步修正评价结果，经过多次GPS的野外实地校验，不断提高评价精度，并在此基础上构建基于3S普遍适用的土地退化评判模型（任维春等，2000）。

另外，还有一些学者对其他的方法进行了尝试。例如，在干旱、半干旱区，结合使用TM影像数据与线性光谱混合模型（LMSS）（张熙川等，1999），分离差异较大的组分，快速有效地评价土地退化状况；在土壤侵蚀退化研究中，濮励杰等（1998）综合运用^{137}Cs土壤磁测等新技术手段，结合土壤结构水稳性、CEC等土壤理化指标，对坡地土壤侵蚀退化进行了定量研究，取得了初步成果。陈志军等（2000）用特征变异增强法对融合前的数据进行特征增强，克服了RS影像自动解译中信息源的不足问题；在土壤污染方面，中国科学院南京土壤研究所（以下简称中科院南京土壤所）将宏观调研与田间动态监测和实验室模拟实验相结合，将3S等高新技术与传统方法相结合，采用建立综合污染指数（CPI）值的计算方法，对不同地区的重金属污染状况进行了综合评估，并绘制了污染概图，为污染土壤的恢复重建提供了理论依据（赵其国等，2002）。王秋兵等（2004）以适合当地自然条件的稳定生态系统下的土地类型为参照系，比较研究因自然环境变迁或人为活动影响而导致的生态系统演替后的各个土地类型变化，以土地生态系统演替的不同阶段来反映各个土地评价单元的土地退化程度。这种方法简便易行，而且比较客观。

1.2.4 土地退化的恢复与重建

国内外对土壤退化及土地退化的防治（或称恢复与重建）都非常重视，并进行了大量的研究。自1971年FAO首次提出“土壤退化”概念并出版了《土壤退化》（FAO，1971）专著以来，土壤退化问题日益受到人们的关注。第一次与土地退化有关的全球会议——世界土地荒漠化（desertification）会议于1977年在肯尼亚首都内罗毕召开，为土地退化的防治奠定了理论基础。1993年FAO又颁布了《持续土地管理评价纲要》，强调要保持和提高土地生产力，必须保护自然资源的潜力和防止土壤与水质的退化。1994年在墨西哥召开的第15届国际土壤学大会上，土壤退化，尤其是热带亚热带地区的土壤退化问题成为会议关注的焦点。不少科学家认为，今后20年热带亚热带将有1/3耕地沦为荒地，117个国家粮食将大幅度减产，他们呼吁加强土壤退化及土地退化系统的恢复重建研究等。自此，土地退化问题才真正引起了国际学术界的广泛关注。世界水土保持学会也于1997年在加拿大多伦多组织召开了以流域为基础的生态系统管理的全球挑战国际研讨会，从生态系统、流域的角度探讨土壤侵蚀等土地退化问题。而且，国际土壤联合会于1996年和1999年分别在土耳其和泰国举行了直接以土地退化为主题的第一届和第二届国际土地退化会议，并有学者倡议将土地退化研究提高到退化科学的高度来认识。

我国早在20世纪50年代开始了有关土地退化问题的研究，但主要集中于丘陵山区土壤侵蚀防治、红壤酸化防治、土壤肥力恢复等方面，研究范围和深度都有较大的局限。直到80年代，我国对土地退化的研究才较为活跃。1990年11月中国科学技术协会学术部在厦门召开了全国土地退化学术研讨会，并出版了《中国土地退化防治研究》论文集，以此为标志，拉开了国内大规模的土地退化研究工作的序幕。该会针对我国各类土地资源退化的现状、成因和危害进行了科学分析，共同探讨并提出因地制宜合理开发利用和保护土地资源，防治土地退化的对策和有效措施。

（1）水土流失方面的研究。早在 20 世纪 40 年代，美国就开始研制水土流失的预测预报模型。70 年代以后，进一步将土壤侵蚀预报和土地生产力状况结合起来，建立侵蚀-生产力耦合计算模型（EPLC），开展了横跨欧洲、亚洲、美洲的若干个国家的联合研究，以期预报全球土壤侵蚀和粮食生产的发展趋势。在小流域综合治理方面，美国把自然资源开发与防治水土流失、保护生态环境相结合，把水土保持与农田生产力组合为一个共同的研究目标。例如，密西西比州国家泥沙实验室的坡耕地试验区，既进行土壤侵蚀方面的观测，同时还进行水质变化的监测，又研究氮、磷的迁移和土壤水质的变化。

我国有关水土流失的研究也始于 20 世纪 40 年代，但整体水平偏落后。70 年代才开始注重土壤侵蚀的定量研究（李勉等，2002），90 年代开展了土壤侵蚀预报的系统模型研究（杨勤科等，1998），近年来已在小流域的综合治理等方面，取得了居世界领先水平的成果。目前采取的水土流失治理的技术措施包括建造植被、水土保持耕作、水土保持工程措施，或上述措施的复合措施。我国学者还分别对水蚀、风蚀造成的水土流失开展了监测和侵蚀机理的研究（谢英荷等，1995）。对通用水土流失方程（USLE）进行了适宜性研究，并开发应用人工神经网络方法预报土壤侵蚀量，取得令人满意的效果。在水土流失区进行包括水土保持在内的农业资源合理利用的动态模拟，建立了动态仿真（SD)模型（张汉雄，1991），开展了小流域生态系统的规划分析，建立了决策分析的优化模型（王喜荣等，1995）。赵哈林等（1996）、刘良梧等（1998)对不同地区水土流失的现状、成因进行分析，并提出相应的对策措施。总的来说，这些工作多以短期的、单科学的定性和半定量为主，尚缺少连续的、多学科的、综合性的定量研究。

（2）荒漠化防治方面的研究。在荒漠化防治方面，世界各国也采取了积极的行动。早在 1974 年国际地理学会就专门组织了一次荒漠化专题研讨会；1975 年还召开了“荒漠化进程、问题和观点”的专题讨论会，对荒漠化的定义、成因等问题进行了讨论。1977 年联合国在肯尼亚首都内罗毕召开世界土地荒漠化会议，提出了全球防治荒漠化行动纲领。1993 年 5 月～1994 年 6 月，UNEP 完成了《联合国防治荒漠化公约》（以下简称《公约》）的起草和制定工作。1994 年 6 月 17 日，《公约》文本在巴黎获得通过，1994 年 10 月 14 日，包括中国在内的 112 个国家在巴黎签署了《公约》，要求世界各国“动员足够的资金开展防沙化斗争”。1995年4月9～14日在缅甸召开了亚太经社会执行国际防治荒漠化公约后续行动区域讨论会，讨论了亚太经社会1995～2000年行动方案，组织参观了缅甸干旱区防治荒漠化工程情况。1995年8月7～17日，《公约》政府间谈判委员会第七次会议在肯尼亚首都内罗毕召开，就如何落实亚洲区域防治荒漠化公约附件问题进行了磋商。1996年2月5～16日，《公约》政府间谈判委员会第八次会议在日内瓦召开，并总结了防治荒漠化的3条主要经验。1996年8月21～23日，《公约》亚洲区域会议召开，讨论了亚洲国家如何在地区、国家和区域3个层次实施《公约》的行动方案，并确定了亚洲区域防治荒漠化行动方案7个项目领域。1996年12月，《公约》正式生效，为世界各国和各地区制定防治荒漠化纲要提供了依据。迄今为止，已有包括中国在内的167个国家签署并批准了这一公约。这标志着国际社会已充分认识到防治荒漠化和缓解干旱灾害在实施可持续发展战略中的重要地位。

中国为了确保《公约》的实施，于1995年1月制定了中国执行《公约》的行动方案（草案）。为积极防治荒漠化，推广防沙治沙的适用技术，举办各类《公约》研讨班和培训班，创办“防治荒漠化工作简报”，出版发行中国治沙论文集。1994年5月开始全国荒漠化外业普查工作，成立中国荒漠化监测中心，并将此次荒漠化普查结果作为我国荒漠化监测的零起点。在全国荒漠化普查与监测专家技术小组第二次会议上，讨论了全国荒漠化普查与监测衔接工作中的有关技术问题，并取得一致意见。1996年上半年荒漠化土地普查工作进入汇总阶段，并编写了《中国荒漠化报告》。1999年5月13日，中国防治荒漠化协调小组办公室各成员单位通报了近期防治荒漠化工作进展及下一步工作重点，并听取各成员单位对我国防治荒漠化工作的意见和建议，讨论了建立国家防治荒漠化监测与评价网络、亚洲荒漠化监测与评价区域网络的有关事宜。与此同时，我国的防治沙漠化工作也相应取得了丰硕的成果（舒强，2000；刘彦随等，1997；朱震达等，1996）。

近年来，有关其他土地退化恢复与重建方面的研究也取得了一定的进展，如李永庚等（2004）对矿区退化土地的恢复与重建进行了理论与实践的系统研究；林强（2004）对我国土壤污染的现状、成因及修复技术进行了探索；龚健等（2003）对我国非农业建设占地土地整理的现状、问题、评价方法、可持续发展模式及恢复重建对策进行了尝试性的研究。

1.2.5　紫色土坡地土地退化研究

紫色土是以中生代主要包括三叠系、侏罗系、白垩系和第三系的岩层作为母岩母质发育形成的一类土壤，世界上其他国家尚无重要发现。紫色土是我国一种特有的土壤资源，广泛分布在我国南方，主要见于亚热带地区，尤以四川盆地分布面积最广。国外有关紫色土及其退化的研究少有报道，而国内对紫色土退化问题的认识最早始于 20 世纪 40 年代。例如，侯光炯在 1945 年发表的《北碚土壤志》，就对“原色土”（即紫色新成土）侵蚀引起的退化问题非常关注，强调水土保持的重要性。以后，关于紫色土的侵蚀退化问题得到了广泛注意。特别是在 60 年代初就在四川省遂宁建立了水土保持观测试验站，对土壤侵蚀最严重的遂宁组紫色母质发育的紫色土进行观测，取得了大量的观测和试验资料（何毓蓉等，2003）。同时，对紫色土退化引起的低产田问题也越来越重视。当然，对紫色土退化问题进行系统的研究还是在 90 年代初期，从紫色土退化的特征、分类、成因到防治等，取得了一系列的研究成果（何毓蓉，1996）。90 年代末，又有学者对紫色土坡地土地退化问题进行深入研究，研究内容主要集中在水土流失引起的紫色土坡地土壤养分减损（吕甚悟等，2000；郑度等，1998），以及紫色土坡地土地退化的恢复与重建（朱波等，2002；许峰等，2000）等方面，特别是等高植物篱生物修复技术、农林复合系统、等高耕作技术、坡改梯技术等是治理紫色土坡地土地退化的关键措施。这一研究区域多集中在四川盆地和三峡库区。

1.2.6　国内外土地退化研究评述及展望

国内外的研究都表明土地退化的严重性和恢复重建的紧迫性，并显示出土地退化是一个世界性的问题，必须引起高度的重视，且应当更加深入地开展研究。然而，土地退化是一个非常综合和复杂的，具有时间上的动态性和空间上的分异性以及高度非线性特征的过程。土地退化科学涉及很多研究领域，不仅涉及土壤学、农学、生态学、地理学和环境科学，还与社会科学和经济学及相关方针政策密切相关。然而，迄今为止，国内外的大多数研究工作偏重于对特定区域或特定土地利用类型的某些土地属性或土壤性状在空间上的变化及退化的评价，而很少涉及不同退化类型在时间序列上的变化。而且，在土地退化评价方法论及评价指标体系定量化、动态化、综合性和实用性以及尺度转换等方面的研究工作大多处于探索阶段。

我国的土地退化研究虽然在某些方面取得了一定的进展，但整体上还处于起步阶段。为此，我们认为，今后我国土地退化研究工作应从更广和更深的层次上系统综合地开展土地退化的综合评价与主要退化类型农业生态系统的重建和恢复研究。具体来说，今后重点研究领域包括以下几个方面：

（1）土地退化过程、机理及影响因素研究。重点研究几种主要退化形式（如水土流失、土地沙化、土壤污染、土壤酸化及土壤盐渍化等）的发生条件、过程、影响因子（包括自然的和社会经济的）及其相互作用机理。

（2）土地退化评价指标体系的研究。主要包括用于评价不同土地退化类型的单项和综合评价指标、分级标准、阈值和弹性、定量化的和综合的评价方法与模型等。

（3）土地退化监测与预警的系统研究。主要包括建立土地退化监测研究网络，对重点区域和国家在不同尺度水平上的土地退化的类型、范围及退化程度进行监测和评价，并进行分类区划，为不同区域、不同类型、不同退化程度的退化土地整治提供依据。

（4）土地退化动态监测与动态数据库及其管理信息系统的研究。主要包括土地退化监测网点或基准点（benchmark sites）的选建、3S技术和信息网络及尺度转换等现代技术和手段的应用与发展、土地退化属性数据库和GIS图件及其动态更新、土地退化趋向的模拟预测与预警等方面的工作。

（5）退化土地系统的恢复与重建研究。主要包括运用恢复生态学原理及专家系统等技术，研究和开发适用于不同土地退化类型区的、以持续农业为目标的土地和环境综合整治决策支持系统与优化模式，主要退化土地生态系统类型土地质量恢复重建的关键技术及其集成运用的试验示范研究等方面的工作，为土地退化防治提供决策咨询和示范。

（6）土地退化与全球变化关系研究。主要包括土地退化与水体富营养化、地下水污染、温室气体释放、环境与生态安全、土地利用、土地覆盖变化等。

（7）加强土地退化的人口因素及社会经济因素分析，研究其对土地生产力的影响，协助政府制定有利于持续土地利用、防治土地退化的政策。

参考文献

陈志军，李志忠，杨清华．2000．用遥感图像提取土地利用变化信息的特征变异增强方法．国土资源遥感，(3)：49-52.
储燕宁，孙权，纪立东．2003．农牧交错带退化土壤的质量指标．宁夏农学院学报，24 (4)：3-8.
高尚武，王葆芳，朱灵益，等．1998．中国沙质荒漠化土地监测评价指标体系．林业科学，34 (2)：1-10.
龚健，刘艳芳，黄中华．2003．我国土地整理存在的问题及对策．国土资源科技管理，(6)：28-31.
龚子同．1982．防治土壤退化是我国农业现代化建设中的重大问题．农业现代化研究，3 (2)：1-8.
龚子同，史学正．1990．我国土地退化及其防治对策//中国科学技术协会工作部．中国土地退化防治研究．北京：中国科学技术出版社.
何毓蓉．1996．我国南方山区土壤退化及其防治．山地研究，14 (2)：110-116.
何毓蓉，等．2003．中国紫色土（下篇）．北京：科学出版社.
冷疏影，李秀彬．1999．土地质量指标体系国际研究的新进展地理研究．地理学报，54 (2)：177-195.
李景保．1990．澧水流域物质侵蚀强度及其迁移特征．水土保持学报，4 (2)：62-69.
李勉，李占斌，刘普灵．2002．中国土壤侵蚀定量研究进展．水土保持研究，9 (3)：243-248.
李颖．1998．土地退化的社会经济因素．中国环境科学，18 (Suppl.)：92-97.
李永庚，蒋高明．2004．矿山废弃地生态重建研究进展．生态学报，24 (1)：95-100.
林强．2004．我国的土壤污染现状及其防治对策．福建水土保持，16 (1)：25-28.
刘慧．1995．我国土地退化类型与特点及防治对策．自然资源，17 (4)：26-32.
刘良梧，龚子同．1995．全球土壤退化评价．自然资源，17 (1)：10-15.
刘良梧，周建民，刘多森，等．1998．农牧交错带不同利用方式下草原土壤的变化．土壤，30 (5)：225-229.
刘彦随，倪绍祥，查勇．1997．陕北风沙滩地区土地退化机理及治理对策．自然资源学报，12 (4)：357-362.
卢金发．1999．中国南方地区土地退化动态变化及人类活动的影响．地理科学进展，18 (3)：215-221.
吕甚悟，陈谦，袁绍良，等．2000．紫色土坡耕地水土流失试验分析．山地学报，18 (6)：520-525.
濮励杰，包浩生，彭补拙，等．1998．^{137}Cs 应用于我国西部风蚀地区土地退化的初步研究——以新疆库尔勒地区为例．土壤学报，35 (4)：441-449.
任维春，王建卫．2000．综合利用 3S 技术监测土地利用变化．遥感信息，(3)：19-22.
史德明，韦启潘，梁音，等．2000．中国南方侵蚀土壤退化指标体系研究．水土保持学报，14 (3)：1-9.
舒强．2000．新疆土地退化的成因分析与防治对策——着重于土地的荒漠化．新疆环境保护，22 (3)：149-154.
水利电力部．1984．关于土壤侵蚀类型区划分和强度分级标准的规定（试行）．中国水土保持，(10)：17-19.
王秋兵，贾树海，丁玉荣．2004．土地退化评价方法的探讨——以辽西北农牧交错带彰武县北部为例．土壤通报，35 (4)：396-400.
王喜荣，周宏发，祝传杨，等．1995．小流域生态系统的规划分析．水土保持学报，9 (4)：56-60.
谢英荷，洪坚平，徐芝灵，等．1995．黄土高原小流域水土保持决策系统的研究．水土保持学报，9 (3)：66-70.
许峰，蔡强国，吴淑安，等．2000．三峡库区坡地生态工程控制土壤养分流失研究——以等高植物篱为例. 地理研究，19 (3)：303-310.

杨朝飞. 1997. 中国土地退化及其防治对策. 中国环境科学，17 (2)：108-112.

杨勤科，李锐. 1998. 中国水土流失和水土保持定量研究进展. 水土保持通报，1 (5)：13-18.

杨艳生. 1998. 土壤退化指标体系研究. 土壤侵蚀与水土保持学报，4 (4)：44-46，71.

张汉雄. 1991. 黄土高原重点水土流失区农业资源合理利用的动态模拟. 中国水土保持，(9)：42-45.

张桃林，王兴祥. 2000. 土壤退化研究的进展与趋向. 自然资源学报，15 (3)：280-284.

张熙川，赵英时. 1999. 应用线性光谱混合模型快速评价土地退化的方法研究. 中国科学院研究生院学报，16 (2)：169-175.

赵哈林，黄学文. 1996. 科尔沁地区农田土壤沙漠化演变的研究. 土壤学报，33 (3)：242-248.

赵其国. 1995. 我国红壤的退化问题. 土壤，27 (6)：281-286.

赵其国，刘良梧. 1990. 人类活动与土地退化//中国科学技术协会工作部. 中国土地退化防治研究. 北京：中国科学技术出版社.

赵其国，张桃林，鲁如坤，等. 2002. 中国东部红壤地区土壤退化的时空变化、机理及调控. 北京：科学出版社.

郑度，申元村. 1998. 坡地过程及退化坡地恢复整治研究——以三峡库区紫色土坡地为例. 地理学报，53 (2)：116-122.

朱波，陈实，游祥，等. 2002. 紫色土退化旱地的肥力恢复与重建. 土壤学报，39 (5)：743-749.

朱震达. 1994. 中国荒漠化问题研究的现状与展望. 地理学报，49 (3)：650-657.

朱震达，吴焕忠，崔书红. 1996. 中国土地荒漠化/土地退化的防治与环境保护. 农村生态环境，12 (3)：1-6.

左大康，刑嘉明，毛汉英，等. 1990. 现代地理学辞典. 北京：商务印书馆.

Barrow C J. 1991. Land degradation. Development and Breakdown of Terrestrial Environments. Cambridge：Cambridge Universities Press.

Blaikie P，Brookfield H. 1987. Land Degradation and Society. London and New York：Methuen.

Chartres，et al. 1994. Transactions of 15th World Congress of Soil Science，Acapulco，Mexico，(6a)：205，206.

FAO. 1971. Land degradation. Soils Bulletin，(13)：1-10.

FAO，UNEP. 1984. Provisional Methodology for Assessment and Mapping of Desertification. Rome：FAO.

GLASOD. 1990. Global assessment of soil degradation. World Maps. Wageningen：ISRIC and PUNE.

Hans H. 1992. Ethical consideration for a global concept of sustainable land use. 7th ISCO Conference：5-7.

Nicholas J M，David S G T. 1992. World Atlas of Desertification. London：Arnold.

Nicholas J M，David S G T. 1997. World Atlas of Desertification. 2nd ed. London：Arnold.

Oldeman L R，Hakkeling R T A，Sombroek W G. 1991. World map of the states of human-induced soil degradation. An Explanatory Note. Wageningen：ISRIC and PUNE.

Tripathy G K，et al. 1996. Monitoring of desertification process in Karnataka State of India using multi-temporal remote sensing and ancillary information using GIS. INT. J. Remote Sensing，17 (12)：2243-2257.

UNEP. 1992a. States of Desertification Implementation of United Nations Plan of Action to Combat Desertification. Nairobi：UNEP.

UNEP. 1992b. World Atlas of Desertification. Nairobi：UNEP.

Valle H F D，et al. 1998. Status of desertification in the patagonian region：Assessment and mapping from satellite image. Arid Soil Research and Rehabilitation，(12)：95-122.

第2章 研究区概况和研究方法

2.1 研究区概况

2.1.1 三峡库区概况

三峡库区是指按照大坝正常蓄水位175m淹没所涉及的湖北省宜昌、秭归、兴山、巴东和重庆市巫山、巫溪、奉节、云阳、万州、开县、忠县、丰都、石柱、涪陵、武隆、长寿、渝北、巴南、重庆市区和江津市共20个县(市、区)。库区地处四川盆地以东、江汉平原以西、大巴山脉以南、鄂西武陵山脉以北的山区地带，地理坐标介于29°N～31°N，107°E～111°E，总面积$5.67\times10^4km^2$，其中淹没陆地面积约$600km^2$（何太蓉等，2004；陈国阶，2003；黄健民，1999）。

1. 自然地理条件

库区地层除缺失泥盆系下统、石炭系上统、白垩系的一部分和第三系以外，自前震旦系至第四系均有出露，且由东至西自老而新展布。其中，三斗坪至庙河段出露前震旦系结晶岩；庙河至香溪为震旦系至三叠系至侏罗系地层；牛口至观武镇三叠系中、下统大面积出露；观武镇以西至库尾近400km的库区，侏罗系地层广布，仅在背斜核部出露三叠系及少量二叠系地层。此外，第四纪堆积物零星分布于河流阶地、剥夷面及斜坡地带，而且分布比较集中、体积较大的第四纪堆积体大都是崩塌、滑坡体。

三峡库区内断裂不甚发育。库首段有九湾溪断裂、仙女山断裂、新华断裂；巴东—奉节段有齐岳山断裂、恩施断裂、郁江断裂、黔江断裂；奉节以西断裂不发育。库区新构造运动属于三峡鄂西南隆升区之三峡鄂西南隆升亚区，表现为晚第四纪以来大面积的间歇性整体隆起和局部地段的差异性断裂活动。隆起中心为奉节—巫山一带，最大上升幅度达2000m，其特点是隆起的不均匀性、掀斜性和间歇性，因此造就了长江两岸的五级剥夷面和六级阶地。第四纪以来，地壳上升速度加剧，河流强烈下切，造就了三峡段高陡岸坡和诸多崩滑体。新构造运动的另一条重要表现，即差异性的断裂活动，如晚第四纪仍在活动的仙女山断裂、九湾溪断裂等，均属于易活动断裂。

三峡库区地形十分复杂。奉节以东为渝鄂边境山地，崇山峻岭，沟壑纵横，耕地较少，土质很差，生产生存条件恶劣。奉节以西属四川盆地边缘的渝东低山丘陵区，自然地理状况虽比奉节以东的好，但仍是山地起伏绵延，相当部分耕地处于25°左右的斜坡上，土质较差。整个库区，河谷平坝地仅占总面积的4.3%，丘陵占21.7%，山地占74.0%。

三峡库区属亚热带湿润气候，具有冬暖、春早、夏热、伏旱、秋雨、霜雪少的特点，年均温13～18.5℃，极端最低温－4.2℃，极端最高温42.6℃，不小于10℃积温3000～6080℃，无霜期290～340天；年降水量997～1347mm，但季节分配不均，4～9月降水量占全年总量的60%～80%，且暴雨集中，而7、8月连晴高温，伏旱发生频率达73%；年均蒸发量1300～1700mm；年平均相对湿度较大，达80%，云雾多，日照时数1500h以下，日照百分率约为30%，水热条件年内种植二季有余（陈治谏等，2004）。

三峡库区河段流量丰沛，变化幅度大。上游控制站宜昌站多年平均径流量$4.51\times10^{11}m^3$，多年平均流量为$14300m^3\cdot s^{-1}$，最大洪峰流量为$71100m^3\cdot s^{-1}$，最枯流量为$2770m^3\cdot s^{-1}$，洪枯流量比为26倍。多年平均悬移质含沙量为$1.18kg\cdot m^{-3}$。长江每年5～10月为汛期，7～8月径流量最大，汛期径流量约占全年径流量的70%～80%。库区长江支流众多，较大支流有50余条；并且南北两岸交错排列，坡降大，流量变幅大。

三峡库区植被类型在78种以上，其中乔木类型44种，分布在海拔195～2700m地区；灌木类型16种以上，分布海拔高度为90～2700m，草本共22个类型。库区森林资源较少，重庆库区森林覆盖率为21.7%，湖北库区为32%。在海拔1300m以上地区还有一定面积天然林，主要分布在奉节、茅草坝、巫溪、白果等地，这些地区人为干扰小，森林植被保留较为完整。库区现有薪炭林面积$3.88\times10^4hm^2$，薪柴量$2.38\times10^6m^3$。

三峡库区主要土壤类型有黄壤、紫色土、黄棕壤、石灰土、水稻土等。其中黄壤、紫色土、水稻土分别为$73500hm^2$、$50400hm^2$、$23500hm^2$，占库区土壤比重的30.3%、20.2%、9.4%（李其林等，2004）。虽然三峡库区黄壤面积较紫色土面积大，但前者多分布在海拔700m以上山地，植被覆盖较好，其坡耕地面积不足耕地面积的6.5%（黄雨霖等，1995），水土流失较轻；而紫色土多分布在海拔700m以下的山地丘陵区，是库区主要的坡耕地土壤资源，占耕地面积的 78.7%，人类活动活跃，水土流失严重。因此本书着重以紫色土坡地为例，探讨其土壤侵蚀与土地退化问题。

三峡库区地处我国三大地貌阶梯的第二级阶梯的斜坡地带，是我国暴雨中心之一。库区内山峦重叠、地形陡峻、谷深水急、山体破碎、沟壑纵横、生态环境脆弱，地表外动力侵蚀过程强烈，具有发生水土流失的潜在条件。易风化的软弱岩层出露面广，为水土流失提供了丰富的物质来源。长期以来人口快速增长，水土资源的不合理利用，加之一些开发建设项目忽视水土保持，导致水土流失越演越烈，给农业生产和人民生活带来了巨大危害。长江水利委员会 2000 年水土流失遥感监测结果表明，库区水土流失面积达 2.96×10^4km^2，占土地总面积的 51%，其中轻度流失占流失总面积的 18%，中度流失占 46%，强度流失占 24%，极强度和剧烈流失占 12%。库区年均土壤侵蚀量近 2×10^8t，是长江上游水土流失严重的四大区域之一（廖纯艳，2009）。

严重的水土流失导致库区内的土地不断退化。据中科院南京土壤研究所在三峡库区 20 个县（市、区）的调查，库区退化土壤的面积占土地总面积的 93.66%，大部分地区的有效土层为 30～50cm，其中中度及中度以上退化的土地面积占库区总面积的 70.12%，无明显退化面积仅占总面积的6.34%（廖纯艳，2009；陈国阶等，1995）（表 2.1）。

表 2.1 三峡库区侵蚀土地退化面积比

退化程度	面积/km^2	占库区总面积/%	占退化土地面积/%
无明显退化	3492.4	6.34	
轻度退化	12978.1	23.54	25.14
中度退化	22502.8	40.82	43.58
强度退化	15094.7	27.38	29.23
极强度退化	1058.3	1.92	2.05

2. 社会经济状况

2008 年，三峡库区总人口 2.06802×10^7 人，比 2007 年增长 0.6%。其中农业人口 1.38567×10^7 人，比 2007 年减少 0.5%；非农业人口 6.8235×10^6 人，增长 3.0%。非农业人口占总人口的比重为 33.0%，比 2007 年提高 0.8%①。

① 资料来源：http://www.zhb.gov.cn。

2008年，三峡库区实现地区生产总值3.82134×10^{11}元，按可比价格计算，比上年增长15.0%。其中，重庆库区3.60598×10^{11}元，湖北库区2.1536×10^{10}元，分别比上年增长14.8%和18.9%。三峡库区第一、二、三产业分别实现增加值3.5063×10^{10}元、1.85728×10^{11}元和1.61343×10^{11}元，比2007年增长8.1%、18.8%和13.5%，其中工业增加值1.58335×10^{11}元，增长21.6%。此外，第一、二、三产业增加值占地区生产总值的比例为9.2∶48.6∶42.2。按常住人口计算，三峡库区人均地区生产总值20063元，比2007年增长24.6%。三峡库区经济与社会发展主要指标见表2.2。

表2.2 2008年三峡库区经济与社会发展主要统计指标

指　标	指标值/亿元	比2007年增长/%
地区生产总值	3821.34	15.0
第一产业	350.63	8.1
第二产业	1857.28	18.8
工业	1583.35	21.6
第三产业	1613.43	13.5
全社会固定资产投资	3041.19	24.5
社会消费品零售总额	1629.58	25.3
地方财政收入	274.76	36.3
地方财政支出	577.50	32.4
城乡居民储蓄存款余额	3035.65	25.5

2.1.2 采样区概况

1. 采样区自然地理特征

本次采样区位于重庆市丰都县新县城以东约3.5km的长江干流两岸，面积约50km²。地理位置介于29°51′44″N～29°53′44″N，107°42′18″E～107°45′22″E。本区地层以侏罗系沙溪庙组砂、页岩互层为主，地貌类型主要是低山、丘陵和河谷，处于丰都向斜、龙河向斜内，海拔为130～500m。本区气候属中亚热带湿润季风气候，总的特点为气候温和，四季分明，随海拔高度变化的立体气候明显。其中，该区年均温在17.1～18.9℃，不小于10℃的年总积温 5400～6200℃，年均日照时数 1333h，最热月（7 月）平均气温 27.3～29.5℃，最冷月（1 月）平均气温 6.4～7.2℃，平均无霜期达 318 天；多年平均降水量为 947.6～1109.1mm；自然植被多为零星小片次生林，长势一般。本区土壤多为灰棕紫色土和水稻土，质地轻而肥沃，水土流失较重，缺氮、磷，养分供需不平衡。

采样区内大部分是紫色土坡耕地，土地利用类型多样。因丘陵高差不大，多数垦殖已达丘顶。采样区内不同地貌部位土地利用方式不同：河漫滩多是荒地或草坡；腰部多辟为农田或菜地，是当地较好的坡耕地和梯田，主要种植小麦、水稻、玉米、蚕豆、油菜等，有些已为农果间作或菜果间作；丘顶也大多辟为农田，少数为荒地、草坡或疏林地。

总的来看，本采样区水热充足，地貌多为低丘、宽谷，地势相对平坦开阔，土壤矿质养分丰富，物理性能和耕作性能良好，宜种范围宽，加上垦殖历史悠久，是丰都县主要的粮食和经济作物产区，土地利用较为充分；尚未利用的土地主要是零星的荒地、草山草坡、田坎土坎及废水塘等。但是，研究区内植被覆盖率较低，约为 7%；土壤保水保肥能力较差，水土流失严重。

2. 采样区坡面特征

2004 年 3 月上旬，在上述采样区范围内进行全面踏勘，共选择了 3 条坡面线。坡面 1 为龙河（长江一级支流）河谷右岸，位于三合镇龙王沱村附近，采样坡面距龙河大桥约 1.5km。坡面 2 位于长江北岸，距丰都县老县城约 3.0km、名山镇蔡家湾西南约 1.0km，该坡面未受河流下切。坡面 3 位于长江干流南岸双路镇马鞍山二村东，距丰都新县城约 2.5km（图 2.1）。

从地形上看，坡面 1 位于龙河右岸，总坡度为 18°，坡长介于坡面 2 和坡面 3 之间；坡面 2 坡长较短，坡度较缓，为 8°；坡面 3 位于长江干流右岸，坡面较长，坡度较大，为 25°。从土地利用来看，坡面 1 土壤耕性良好，农作物长势较好，为当地主要坡耕地；坡面 2 远离村庄，受人为活动影响较小，土壤耕性和农作物长势均较差，且有些为岩石裸地或零星荒草地；坡面 3 土壤耕性一般，除主要为农耕地外，还有相当部分为非农业建设用地所占用，如沿江公路、住宅用地及企业用地等，土地扰动性很大，水土流失比较严重。

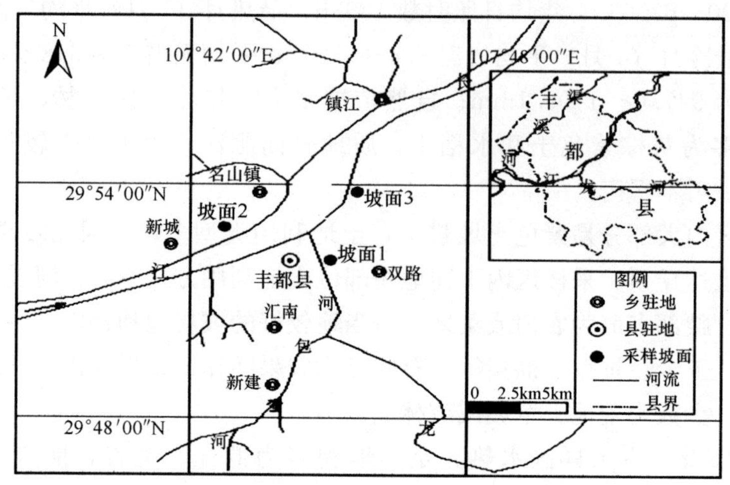

图 2.1　三峡库区典型坡面紫色土采样点位置示意图

2.2　研究方法与材料

2.2.1　土地退化理化特征实测样品采集与实验方法

1. 野外调查和采样方法

在上述 3 条坡面上依据不同坡度、不同土地利用方式及地貌形态，采用从坡脚到坡顶大致沿直线布设采样点；同时，为了尽可能采到较多的不同坡度和不同利用方式土壤样品，有时又将沿平行河谷横坡面作为补充采样，用 GPS 进行定位。所采样品均为表土层 0～20cm 土壤，具体方法是在每一地块随机采 6 个土样，充分混合后取其中 1kg 左右装入自封塑料袋中，再套上布袋。3 个坡面共采 66 个样品，各采样点的基本情况详见表 2.3～表 2.5。

表 2.3　坡面 1 各采样点的基本情况

样点编号	地理坐标	海拔高度/m	地形部位	坡度/(°)	利用类型
FD-1-1	107°44′52″E,29°51′58″N	147	坡下段	21	荒地
FD-1-1 附	107°44′51″E,29°51′56″N	145	坡下段	23	耕地

续表

样点编号	地理坐标	海拔高度/m	地形部位	坡度/(°)	利用类型
FD-1-2	107°44′54″E,29°51′58″N	154	坡下段	0	耕地
FD-1-3	107°44′57″E,29°51′56″N	185	坡下段	0	菜地
FD-1-4	107°44′59″E,29°51′54″N	193	坡下段	0	耕地
FD-1-5	107°45′01″E,29°51′53″N	212	坡下段	29	菜地
FD-1-6	107°45′04″E,29°51′52″N	226	坡中段	5	园地
FD-1-6 附	107°45′04″E,29°51′53″N	235	坡中段	0	耕地
FD-1-7	107°45′04″E,29°51′53″N	238	坡中段	12	园地
FD-1-8(上)	107°45′09″E,29°51′51″N	241	坡中段	9	菜地
FD-1-8(下)	107°45′07″E,29°51′52″N	239	坡中段	3	废水塘
FD-1-9	107°45′08″E,29°51′49″N	256	坡中段	0	耕地
FD-1-10	107°45′10″E,29°51′48″N	275	坡中段	40	耕地
FD-1-11 蚕豆	107°45′13″E,29°51′47″N	286	坡上段	3	耕地
FD-1-11 小麦	107°45′13″E,29°51′45″N	286	坡上段	3	耕地
FD-1-12	107°45′14″E,29°51′47″N	288	坡上段	9	菜地
FD-1-13	107°45′16″E,29°51′46″N	306	坡上段	12	菜地
FD-1-14	107°45′22″E,29°51′44″N	344	坡上段	30	耕地
FD-1-15	107°45′20″E,29°51′44″N	356	坡上段	3	荒地
FD-1-16	107°44′45″E,29°52′33″N	170	坡下段	14	草地
FD-1-17	107°44′38″E,29°52′24″N	191	坡下段	30	林地
FD-1-18	107°44′44″E,29°52′26″N	192	坡下段	0	建设用地
FD-1-19	107°44′46″E,29°52′17″N	192	坡下段	13	耕地
FD-1-20	107°44′51″E,29°52′10″N	191	坡下段	5	耕地
FD-1-21	107°44′52″E,29°52′09″N	190	坡下段	15	耕地
FD-1-22	107°44′52″E,29°52′08″N	161	坡下段	24	耕地
FD-1-23	107°44′52″E,29°52′07″N	155	坡下段	8	草地
FD-1-24	107°44′55″E,29°52′03″N	167	坡下段	23	耕地
FD-1-25	107°44′58″E,29°51′58″N	190	坡下段	25	菜地
FD-1-26	107°45′07″E,29°51′55″N	229	坡中段	23	耕地

注:FD——丰都县。下同。

表 2.4 坡面 2 各采样点的基本情况

样点编号	地理坐标	海拔高度/m	地形部位	坡度/(°)	土地利用类型
FD-2-1	107°41′20″E,29°53′44″N	247	坡下段	21	荒地
FD-2-2	107°41′20″E,29°53′42″N	248	坡下段	0	耕地
FD-2-3	107°41′19″E,29°53′40″N	268	坡下段	16	耕地
FD-2-4	107°41′19″E,29°53′36″N	270	坡下段	18	耕地
FD-2-5	107°41′20″E,29°53′36″N	274	坡下段	35	荒地
FD-2-5 附	107°41′20″E,29°53′36″N	268	坡下段	35	耕地
FD-2-6	107°41′19″E,29°53′34″N	280	坡中段	0	建设用地
FD-2-7	107°41′21″E,29°53′33″N	290	坡中段	0	菜地
FD-2-8	107°41′21″E,29°53′33″N	292	坡中段	8	耕地
FD-2-9	107°41′21″E,29°53′32″N	296	坡中段	26	园地
FD-2-10	107°41′21″E,29°53′32″N	298	坡中段	16	菜地
FD-2-11	107°41′23″E,29°53′31″N	308	坡中段	18	耕地
FD-2-12	107°41′27″E,29°53′31″N	348	坡上段	21	耕地
FD-2-13	107°41′27″E,29°53′31″N	374	坡上段	31	林地
FD-2-14	107°41′27″E,29°53′31″N	382	坡上段	0	荒地
FD-2-15	107°41′18″E,29°53′18″N	432.5	坡上段	11	荒地
FD-2-16	107°41′20″E,29°53′19″N	428.5	坡上段	16	菜地
FD-2-17	107°41′22″E,29°53′19″N	415.9	坡上段	24	耕地
FD-2-18	107°41′24″E,29°53′19″N	399.4	坡上段	28	耕地
FD-2-19	107°41′25″E,29°53′19″N	396	坡上段	0	菜地
FD-2-20	107°41′25″E,29°53′18″N	396	坡上段	0	耕地
FD-2-21	107°41′27″E,29°53′18″N	405	坡上段	32	耕地
FD-2-22	107°41′28″E,29°53′17″N	414.5	坡上段	26	荒地

表 2.5 坡面 3 各采样点的基本情况

样点编号	地理坐标	海拔高度/m	地形部位	坡度/(°)	土地利用类型
FD-3-1	107°44′55″E,29°53′44″N	145	坡下段	17	菜地
FD-3-2	107°44′57″E,29°53′43″N	152	坡下段	12	园地
FD-3-3	107°44′58″E,29°53′42″N	172	坡下段	2	园地
FD-3-4	107°44′58″E,29°53′41″N	175	坡下段	14	林地
FD-3-4 附	107°44′58″E,29°53′40″N	175	坡下段	14	耕地
FD-3-5	107°44′59″E,29°53′40″N	176	坡下段	3	菜地

续表

样点编号	地理坐标	海拔高度/m	地形部位	坡度/(°)	土地利用类型
FD-3-6	107°45′01″E,29°53′39″N	178.5	坡中段	27	荒地
FD-3-7	107°45′02″E,29°53′37″N	195.6	坡中段	7	耕地
FD-3-8	107°45′04″E,29°53′33″N	205.4	坡中段	3	耕地
FD-3-9	107°45′06″E,29°53′30″N	229.6	坡中段	5	菜地
FD-3-10	107°45′09″E,29°53′29″N	236.2	坡上段	13	耕地
FD-3-11	107°45′10″E,29°53′24″N	264.1	坡上段	15	耕地
FD-3-12	107°45′11″E,29°53′05″N	385	坡上段	35	林地

同时，在采样的过程中，对观察到的紫色土坡地的自然地理特征进行描述、记录，对土地质量（生产力）及开发利用状况等进行调查、访问。

2. 样品处理和室内分析方法

样品带回室内后，先在洁净通风的环境中风干，然后根据不同测试项目的要求进行样品的准备。

(1) 土壤粒度分析。风干后的样品剔除未分解的植物根系及残体、昆虫尸体、石块等杂物，用木制滚筒磨碎，过 10 目尼龙筛，用来进行土壤粒度分析。具体方法是：首先将待用样品进行洗样处理，以洗去样品中盐分、有机质和钙质胶结物等杂质，然后在洗样处理过的样品中加入 0.5N① 的六偏磷酸钠溶液若干次将其完全分散（徐馨等，1992），最后将分散过的样品送南京大学国家重点学科自然地理粒度分析实验室，采用英国 Malvern 公司生产的 Mastersizer 2000 型激光粒度仪完成测试。

(2) 土壤养分测定。将剩余的 10 目样品用玛瑙研磨器研磨后过 20 目、100 目尼龙筛后，取足量装入纸质小袋送中科院南京土壤所分析测试中心用于有机质、pH 等项目的测定。具体方法是①有机质：重铬酸钾法；②pH：电位测定法（土∶水=1∶2.5）；③全氮：重铬酸钾-硫酸硝化法；④全磷：高氯酸-硫酸酸溶-钼锑抗比色法；⑤全钾：火焰光度法；⑥碱解氮：碱解蒸馏法；⑦速效磷：碳酸氢钠浸提-钼锑抗比色法；⑧速效钾：火焰光度法；⑨阳离子代换量：醋酸铵法；⑩交换性钠、钾：火焰光度法；⑪交换性钙、镁：原子吸收光谱法（鲁如坤，2000）。

① 1N=(1mol/L)/离子价数。

（3）土壤微量元素的测定。将剩余的 100 目土壤样品再用玛瑙研钵碾细并过 200 目尼龙筛后取 10g 左右装入纸质小袋，用于微量元素含量的测定。其测定方法是：首先将样品制成粉末压片，然后在南京大学现代分析中心 X 射线荧光分析室，采用瑞士 ARL 公司生产的 9800XP＋型 X-射线荧光光谱仪进行测定。

2.2.2 ^{137}Cs 实测样品采集与实验方法

1. 样品采集

2004 年 3 月，在三峡库区的巴东、秭归、巫山、奉节、云阳、万州、忠县、丰都、石柱、涪陵和长寿 11 个县（区）选择典型剖面 46 处，在各采样点先挖土壤剖面，进行剖面性状的描述记录和剖面拍照。然后再用环刀分层采样均匀一致的土壤样品，按 5cm 间隔从表土向下分层采样 3～4 层，深度达 15～20cm。每个样品大致采集 1kg，先用塑料袋装好，编号后再套上布袋。

为了测得库区 ^{137}Cs 土壤背景值，按要求分别在巫山县和云阳县选择两处多年来基本未受侵蚀或沉积、地形较为平坦的地貌部位各采集一个样品，两处皆为灌丛草地。采样过程和要求与前面相同，具体采样点的基本情况见表 2.6。

表 2.6 三峡库区各采样点的基本情况

剖面编号	经纬度	海拔高度/m	地貌部位	坡度/(°)	土壤	土地利用类型
BD-002-1	31°02′12″N 110°25′21″E	745	坡中部	30	紫色土	林地
BD-002-2	31°02′13″N 110°25′21″E	705	坡中下部	25	紫色土	林地
BD-003	31°02′01″N 110°26′42″E	246	坡中部	25	紫色土	园地
BD-005	31°03′23″N 110°19′03″E	238	坡下部	18	紫色土	耕地
BD-006	31°03′21″N 110°19′00″E	274	坡中部	25	黄色石灰土	林地

续表

剖面编号	经纬度	海拔高度/m	地貌部位	坡度/(°)	土壤	土地利用类型
BD-008-1	31°03′22″N 110°18′32″E	145	坡下部	20	紫色土	林地
BD-008-2	31°03′23″N 110°18′32″E	168	坡中下部	22	紫色土	林地
BD-010	31°02′15″N 110°19′11″E	310	坡上部	27	紫色土	荒地
BD-011	31°01′04″N 110°17′53″E	243	坡中部	32	紫色土	林地
BD-013	31°00′37″N 110°15′46″E	147	坡下部	20	紫色土	耕地
BD-014	31°00′36″N 110°07′46″E	184	坡中部	37	石灰土	林地
ZG-002	31°59′30″N 110°36′53″E	278	坡中部	20	紫色土	园地
ZG-003	31°00′28″N 110°26′58″E	204	坡中下部	17	紫色土	园地
WS-003	31°04′55″N 109°51′43″E	610	坡顶部	2	石灰土	草灌地
WS-006-2	31°03′45″N 109°51′05″E	310	坡中部	25	石灰土	园地
WS-006-3	31°03′44″N 109°51′05″E	300	坡下部	25	石灰土	园地
WS-007	31°02′59″N 109°46′59″E	233	坡中部	16	石灰土	林地
FJ-002	31°01′42″N 109°26′48″E	292	坡中下部	24	紫色土	灌丛
FJ-003	31°59′44″N 109°25′45″E	170	坡下部	50	石灰土	园地
FJ-004	30°59′27″N 109°24′03″E	160	坡麓	11	石灰土	园地
FJ-005	30°57′13″N 109°17′56″E	171	坡下部	36	石灰土	林灌
FJ-006	30°58′00″N 109°20′55″E	178	坡中部	10	石灰土	园地
FJ-007	30°59′24″N 109°25′58″E	167	坡下部	49	石灰土	林地

续表

剖面编号	经纬度	海拔高度/m	地貌部位	坡度/(°)	土壤	土地利用类型
FJ-008	31°01′18″N 109°59′35″E	171	坡下部	28	石灰土	灌丛
YY-001-1	30°57′18″N 108°54′54″E	198	坡下部	19	棕壤	草地
YY-001-2	30°57′18″N 108°54′54″E	200	坡下部	19	棕壤	竹园
YY-001-3	30°57′19″N 108°54′54″E	210	坡下部	35	棕壤	幼林地
YY-002	30°55′39″N 108°45′47″E	153	坡下部	19	棕壤	草地
YY-003-1	30°56′24″N 109°04′23″E	153	坡上部	23	棕壤	草地
YY-003-2	30°56′23″N 109°04′23″E	140	坡下部	15	棕壤	草地
YY-004	30°56′09″N 108°42′28″E	536	坡顶部	2	紫色土	灌丛
YY-005	30°57′10″N 108°36′35″E	298	坡上部	7	紫色土	草地
WZ-001-2	30°46′27″N 108°22′35″E	235	坡上部	10	石灰土	荒地
WZ-001-5	30°46′28″N 108°22′35″E	160	坡下部	6	紫色土	耕地
WZ-002-1	30°48′34″N 108°24′31″E	325	坡上部	4	紫色土	耕地
WZ-002-2	30°48′35″N 108°24′31″E	265	坡中部	2	紫色土	耕地
WZ-002-3	30°48′37″N 108°24′13″E	259	坡中部	5	紫色土	耕地
WZ-007-1	30°54′27″N 108°30′02″E	211	坡中部	15	紫色土	林地
ZX-001-2	30°20′18″N 108°05′45″E	215	坡中部	5	紫色土	荒地
ZX-005-1	30°25′16″N 108°10′20″E	205	坡上部	15	紫色土	耕地
ZX-005-2	30°25′15″N 108°10′20″E	198	坡中部	48	紫色土	竹林

续表

剖面编号	经纬度	海拔高度/m	地貌部位	坡度/(°)	土壤	土地利用类型
ZX-007-1	30°13′14″N 108°00′56″E	225	坡中部	15	紫色土	耕地
FD-008	29°53′29″N 107°41′25″E	368	坡上部	28	紫色土	耕地
FD-010	30°01′42″N 107°51′49″E	205	坡下部	10	紫色土	耕地
SZ-002	30°24′45″N 108°11′55″E	145	坡下部	15	紫色土	耕地
FL-001	29°50′29″N 107°35′41″E	220	坡下部	27	紫色土	耕地
FL-002	29°51′34″N 107°31′30″E	208	坡下部	12	紫色土	林地
CS-001	29°49′09″N 107°02′21″E	175	坡下部	0	棕壤	耕地(梯田)

注：BD——巴东县；ZG——秭归县；WS——巫山县；FJ——奉节县；YY——云阳县；WZ——万州区；ZX——忠县；FD——丰都县；SZ——石柱县；FL——涪陵区；CS——长寿区，下同。

2. 室内实验分析方法

样品带回实验室后，在通风的环境下风干，经过研磨，过 20 目筛后，在 105℃下烘干至恒重，然后称取样品约 100g，装入与标准源相同形状和体积的样品盒中待测。^{137}Cs 具有 γ 放射性，其发射的 γ 射线能量为 661.6keV，半衰期为 30.17 年。本次^{137}Cs 样品测定送四川大学核物理实验室，根据 GB 11713—89 用半导体 γ 谱仪分析低比活度 γ 放射性样品的标准方法进行测定。测试仪器为 HPGeγ 能谱仪，其组成为美国 ORTEC（堪培拉）公司生产的 HPGe 探测器（GEM-40190 型）和 92X SPECTRUM MASTER 型集成高压、放大器和多道分析器于一体的能谱系统及相应的数据获取软件，其能量分辨率为 1.90keV（1.33MeV）；峰-康比 62∶1，在^{60}Co、1.33MeV 处的 γ 相对探测效率为 40%。样品^{137}Cs 峰面积采用总峰面积法求得，每个样品测量时间为 25000～30000s，比活度采用与标准源相对比较法求得，标准不确定度计算采用 95%置信度。土壤剖面中^{137}Cs 质量活度测试结果见表 2.7。

表 2.7 三峡库区各采样剖面^{137}Cs质量活度测试值

剖面编号	土地利用类型	^{137}Cs质量活度/(Bq·kg^{-1})			
		0～5cm	5～10cm	10～15cm	15～20cm
BD-002-1	林地	3.36 ± 0.49	3.46 ± 0.51	3.13 ± 0.49	3.98 ± 0.55
BD-002-2	林地	5.92 ± 0.76	6.63 ± 0.84	7.35 ± 0.90	6.92 ± 0.86
BD-003	园地	5.95 ± 0.82	4.72 ± 0.65	5.52 ± 0.73	4.64 ± 0.63
BD-005	耕地	2.22 ± 0.39	1.61 ± 0.31	1.79 ± 0.35	1.88 ± 0.35
BD-006	林地	4.39 ± 0.61	4.49 ± 0.63	4.32 ± 0.63	5.12 ± 0.71
BD-008-1	林地	6.01 ± 0.78	5.73 ± 0.76	8.39 ± 1.06	3.99 ± 0.57
BD-008-2	林地	6.38 ± 0.82	5.76 ± 0.74	4.93 ± 0.65	1.85 ± 0.33
BD-010	荒地	4.11 ± 0.61	3.64 ± 0.55	5.45 ± 0.76	7.24 ± 0.94
BD-011	林地	6.37 ± 0.82	3.01 ± 0.47	2.04 ± 0.35	1.45 ± 0.31
BD-013	耕地	4.33 ± 0.59	4.38 ± 0.59	6.83 ± 1.72	4.73 ± 0.63
BD-014	林地	6.82 ± 0.86	6.58 ± 0.84	6.30 ± 0.80	6.57 ± 0.86
ZG-002	园地	2.20 ± 0.35	2.18 ± 0.37	2.65 ± 0.43	2.29 ± 0.39
ZG-003	园地	0.13 ± 0.08	1.24 ± 0.24	1.30 ± 0.25	2.11 ± 0.35
WS-003	草灌地	23.66 ± 2.51	9.92 ± 1.20	1.16 ± 0.24	0.87 ± 0.22
WS-006-2	园地	10.35 ± 1.20	7.94 ± 0.94	4.83 ± 0.65	1.52 ± 0.29
WS-006-3	园地	1.79 ± 0.35	2.59 ± 0.45	1.36 ± 0.31	
WS-007	林地	6.76 ± 0.82	6.63 ± 0.82	7.16 ± 0.88	
FJ-002	灌丛	2.68 ± 0.43	2.80 ± 0.45	3.03 ± 0.47	
FJ-003	园地	3.44 ± 0.49	3.55 ± 0.49	3.21 ± 0.49	3.30 ± 0.47
FJ-004	园地	0.08 ± 0.06	0.32 ± 0.10	0.04 ± 0.04	0.30 ± 0.12
FJ-005	林灌	8.10 ± 1.00	3.08 ± 0.49	1.96 ± 0.37	
FJ-006	园地	2.05 ± 0.35	3.21 ± 0.49	0.53 ± 0.16	
FJ-007	林地	0.99 ± 0.22	1.09 ± 0.22	1.07 ± 0.22	
FJ-008	灌丛	0.74 ± 0.20	1.05 ± 0.24	0.61 ± 0.18	
YY-001-1	草地	0.49 ± 0.16	0.17 ± 0.08	0.27 ± 0.12	0.31 ± 0.12
YY-001-2	竹园	1.66 ± 0.31	1.25 ± 0.24	0.81 ± 0.20	0.51 ± 0.14
YY-001-3	幼林地	1.46 ± 0.27	1.67 ± 0.31	2.03 ± 0.35	1.88 ± 0.31
YY-002	草地	2.86 ± 0.43	2.80 ± 0.41	2.72 ± 0.41	1.68 ± 0.31
YY-003-1	草地	1.39 ± 0.25	1.64 ± 0.27	1.55 ± 0.27	1.65 ± 0.29
YY-003-2	草地	2.56 ± 0.39	2.29 ± 0.37	2.68 ± 0.41	2.71 ± 0.41

续表

剖面编号	土地利用类型	^{137}Cs 质量活度/(Bq · kg^{-1})			
		0～5cm	5～10cm	10～15cm	15～20cm
YY-004	灌丛	4.88 ± 0.67	5.06 ± 0.69	5.29 ± 0.69	4.86 ± 0.67
YY-005	草地	18.80 ± 2.02	4.54 ± 0.59	0.73 ± 0.18	0.80 ± 0.22
WZ-001-2	荒地	1.37 ± 0.25	0.40 ± 0.12	0.03 ± 0.04	0.68 ± 0.16
WZ-001-5	耕地	6.37 ± 0.76	6.36 ± 0.80	6.30 ± 0.78	5.87 ± 0.73
WZ-002-1	耕地	3.45 ± 0.51	5.83 ± 0.74	6.03 ± 0.78	3.12 ± 0.47
WZ-002-2	耕地	4.49 ± 0.63	3.71 ± 0.53	2.97 ± 0.43	
WZ-002-3	耕地	3.42 ± 0.47	3.54 ± 0.49	3.75 ± 0.55	
WZ-007-1	林地	0.95 ± 0.22	10.02 ± 1.22	9.83 ± 1.20	2.49 ± 0.39
ZX-001-2	荒地	4.56 ± 0.63	6.24 ± 0.78	5.49 ± 0.74	
ZX-005-1	耕地	2.38 ± 0.39	3.96 ± 0.55	3.73 ± 0.53	
ZX-005-2	竹林	2.91 ± 0.43	3.27 ± 0.45	2.86 ± 0.43	
ZX-007-1	耕地	1.95 ± 0.33	1.94 ± 0.31	1.46 ± 0.25	
FD-008	耕地	3.22 ± 0.49	3.18 ± 0.45	4.35 ± 0.61	
FD-010	耕地	4.01 ± 0.55	4.53 ± 0.57	4.73 ± 0.63	
SZ-002	耕地	2.31 ± 0.37	2.16 ± 0.33	3.43 ± 0.49	
FL-001	耕地	4.30 ± 0.59	6.36 ± 0.78	5.93 ± 0.74	2.06 ± 0.33
FL-002	林地	1.49 ± 0.27	1.52 ± 0.27	3.15 ± 0.47	5.66 ± 0.71
CS-001	耕地(梯田)	0.38 ± 0.12	0.54 ± 0.16	0.04 ± 0.04	0.47 ± 0.14

参 考 文 献

陈国阶. 2003. 三峡库区发展态势与问题. 长江流域资源与环境，12 (2)：107-112.

陈国阶，徐琪，杜榕桓，等. 1995. 三峡工程对生态与环境的影响及对策研究. 北京：科学出版社.

陈治谏，廖晓勇，刘邵权，等. 2004. 三峡库区坡耕地持续性利用技术及效益分析. 水土保持研究，11 (3)：85-87.

何太蓉，姜洪涛，杨达源，等. 2004. 长江三峡库区现代坡地剥蚀速率研究. 地理科学，24 (1)：89-93.

黄健民. 1999. 长江三峡地理. 重庆：重庆出版社.

黄雨霖，赵汉章，陈明珊，等. 1995. 三峡库区坡地植被——土壤环境变化及土地利用的研究. 林业科学研究，8 (5)：520-527.

李其林，黄昀，刘光德，等. 2004. 三峡库区主要土壤类型重金属含量及特征. 土壤学报，41（2）：301-304.

廖纯艳. 2009. 三峡库区水土流失防治的实践与发展对策. 中国水土保持，（1）：1-3，51.

鲁如坤. 2000. 土壤农业化学分析方法. 北京：中国农业科学技术出版社.

徐馨，何才华，沈志达，等. 1992. 第四纪环境研究方法. 贵阳：贵州科学技术出版社.

第 3 章　三峡库区紫色土的形成与侵蚀特征

3.1　紫色土的形成特征

1. 物理崩解和土壤侵蚀交替——幼年性特征

紫色土是在紫色母岩上形成的幼年性土壤。这类母岩矿物成分复杂，胶结松弛，裂隙发育，极易物理风化。在紫色土区，一旦植被覆盖率降低，则易发生水土流失。土壤侵蚀后裸露的母岩又迅速风化补充新的成土物质，再遭到新的侵蚀。如此风化—冲刷—风化—冲刷的循环往复，使紫色土总是处于幼年发育阶段。据中科院南京土壤研究所研究，石灰岩发育成土要经历 3000 多年时间；国外观察岩石风化成土 1cm 厚需要 328 年（李世菊，1981）；而紫色岩从岩石裸露地面开始，大约在 10 年之内即可风化成土。通常，由于风化速度快，土粒表面积增大，扩大了与水汽的接触面，促进了养分的释放，给植物生长创造了条件，有利于土壤的固定。但紫色土的情况却朝着相反的方向发展，因其风化物大部分处于丘陵坡地地形，疏松破碎的母质和土壤，在集中降雨季节结合高垦殖率的不合理耕作措施，水土流失严重。据研究（中国科学院成都分院土壤研究室，1991），$5^\circ \sim 10^\circ$ 的坡地，每年侵蚀量为 $6.0 \sim 67.5 t \cdot km^{-2}$；$10^\circ \sim 20^\circ$为 $67.5 \sim 90.0 t \cdot km^{-2}$；$20^\circ$以上则大于 $105 t \cdot km^{-2}$。

2. 物质轻度淋失和快速补充同步——富盐基性特征

紫色土在形成过程中，在湿润的亚热带地区，Ca、Na、Mg、K 等盐基物质都遭到轻度的淋失，淋失量比热带、亚热带富铝化土壤少得多。例如，雷州半岛砖红壤和海南岛的红壤，CaO 迁移量为 100%，MgO 为 71.3%～92.7%，K_2O 为 84.8%～93.5%，Na_2O 为 95.2%～98.8%（李庆逵，1983）；而紫色土 CaO 迁移量为 65.8%，MgO 为 13.9%，K_2O 为 1.9%，Na_2O 为 33.4%。

与物质淋失相反，紫色土在物理风化的同时，也进行化学风化，其特点是易风化的母质出露地表，不断地风化以补充淋失的盐基物质，母质与土壤间不断进行盐基物质交换，使土壤的盐基始终保持在较高水平。模拟试验表明：以蒸馏水淋洗紫色壤土及砂土土柱，3 天后滤液中出现 Ca^{2+} 、Mg^{2+} 总量为 2.496mg · L^{-1}（壤土）、3.147mg · L^{-1}（砂土）；7 天后为 1.8mg · L^{-1}（壤土）、2.03mg · L^{-1}（砂土）；9 天后为 1.8mg · L^{-1}（壤土）、1.45mg · L^{-1}（砂土）；11 天后为 0.72mg · L^{-1}（壤土）、0.94mg · L^{-1}（砂土）。这说明，在降水或灌溉的条件下，紫色土中 Ca^{2+} 、Mg^{2+} 的释放是相当快的。另外，以 NH_4Cl、NH_4NO_3 溶液（代表施肥条件）淋洗土柱的 3～22 天内，壤土滤液中保持着 Ca^{2+} 、Mg^{2+} 4.01～4.33mg · L^{-1}的浓度，而在砂土滤液中经 3～19 天为3.62～4.95mg · L^{-1}。这是 NH_4^+ 代换了具有胶体吸收性和溶解性的 Ca^{2+} 、Mg^{2+} 所引起的。当然，土壤中旺盛的生物过程产生了大量的 CO_2，溶于水中更可提高铝硅酸盐中 Ca^{2+} 、Mg^{2+} 的溶解度，不断地补充被淋失的盐基物质，使土壤具有富盐基性特征。

3. 土壤特性随母质种类而转移——多样性特征

紫色土作为一种岩性土，继承了母岩的大部分性质。也就是有什么样的母岩，就有什么样的紫色土。母岩类型的多种多样，决定了紫色土的多样性。

紫色土的母岩有砂岩、粉砂岩、泥岩、页岩、砾岩等，其岩层组合一般是砂页岩互层，又因岩层的厚度不同，更增加了土壤性质的复杂性。紫色土质地有砂质土、黏质土、壤质土、砾质土、粉砂质土等，其 pH 也随之而异，有酸性、中性、钙质紫色土之分。另外，母岩的化学组成各有特色，有富铁磷质紫色土、富钾镁质紫色土、富硅紫色土等；矿质胶体品质不同，可分为高硅土、低硅性高硅土、高硅性低硅土和低硅土等；从颜色上分又有暗紫泥、棕紫泥、红紫泥、黄红紫泥、灰棕紫泥等。总之，紫色土性质的多样性是紫色土的重要特征。

3.2 紫色土的侵蚀特征

1. 径流系数高，坡面侵蚀为主

紫色土大多土层浅薄，富含母质碎屑，有机质少，结构水稳性弱，易分散悬浮，抗蚀力和抗冲力均弱，蓄水量少，渗透率低，下为透水性差的基岩，故径流系数高。大多数丘陵为砂岩和泥岩间层组合，抗风化侵蚀力不同而呈台阶状坡面，从坡麓至坡顶，坡长被自然台阶截断。耕地分布在台面上呈带状，且多沟垄种植，径流沿沟垄排泄，故坡面上沟蚀不明显，沟系发育受基岩限制。

2. 紫色泥岩物理风化迅速，母质侵蚀突出

紫色泥岩为泥钙质胶结，固结性差，组织松软，抗压强度低（100～200kg·cm^{-2}）；矿物组成复杂，膨胀系数差异悬殊，含深色矿物多，吸热快，冷热干湿膨胀变化剧烈，近地表层网状风化裂隙发育，易于崩解剥离；裸露岩面能迅速形成大量松散碎屑，为母质侵蚀提供大量物源。因紫色岩没有巨厚的疏松风化层，故无崩岗侵蚀现象发生，而以剥落和泻溜侵蚀现象为主。沟坡扩展形式是面蚀、沟蚀、剥落和泻溜侵蚀，且主要在基岩上进行。因此，河流输沙主要来自坡面侵蚀产沙（冲泻质），河流沟床多为基岩，河道本身产沙（床沙质）远低于北方黄土区河流。

3. 风化与侵蚀交替进行

紫色泥岩物理风化快，风化崩解形成的碎屑成为径流侵蚀夹带泥沙的来源。雨季初期降雨径流将冬春旱季风化的岩屑冲走后，新风化的岩屑又被下一次的降雨径流冲走。如此风化一层，侵蚀一层，又风化一层，又侵蚀一层，循环往复，交替进行。

4. 土壤侵蚀与泥沙输移外运不同步

三峡库区紫色岩区土壤侵蚀年内、年际变化与降雨径流变化趋势一致。水土流失发生在雨季5～10月，其余为非水蚀期。雨季初期（5月前后）和雨季盛期（7、8月）、有时为雨季后期（9月）是土壤侵蚀的主要时期，最大3个月的土壤侵蚀量占常年总侵蚀量的80%～90%，其中以雨季初期的侵蚀量最为突出。泥沙的侵蚀、搬运和堆积受沟道水流年内变化的制约，泥沙的输移比各月不同（刁承泰，1989）。雨季初期产生大量的土壤侵蚀，由于这时沟道水流不大，只有一部分进入江河，大部分停留在沙沟、沙凼、沟渠、塘库内。至雨季盛期，雨量径流大，沟道水流多时，才将停积的前期侵蚀物运移进入江河，侵蚀与搬运是非同期的。雨季后期，泥沙的输移是将同期产生的侵蚀物直接运入江河，侵蚀与搬运是同期的。水土流失的年内、年际变化远大于径流的年内、年际变化。

5. 流失固相物质粗，输移比小

紫色砂泥岩区流失固相物质的级配较粗，主要由粉砂、砂砾和砾石组成。其中砂砾和砾石大多是以含粉砂、黏粒为主的泥岩碎屑，固结力弱，极易风化崩解或在搬运的沿程碰撞而碎裂分散悬移。输移比1∶0.1～1∶0.5，平均为1∶0.25，远小于北方黄土区的（输移比接近1∶1）。

3.3 三峡库区土壤侵蚀的严重性及其后果

关于三峡库区土壤侵蚀及水土流失的研究已有很多报道，由于研究者的研究时间、研究区域（或采样地点）、研究方法等的不同，其研究结果有一定差异。史德明（1991）研究认为，长江三峡地区大部分属于中度侵蚀以上流失区，紫色砂页岩区属于强危险型地区。李红卫等（1993）认为，三峡库区90%以上的强度流失都发生在坡耕地上，而坡耕地大部分分布在紫色砂页（泥）岩区。陈国阶等（1995）研究表明，三峡库区紫色砂页岩区坡面水土流失的空间分布及产沙量与坡耕地面积的比例有着密切的关系，其一般规律是：坡耕地面积比例越大，土壤侵蚀量越大。当坡耕地面积占坡面面积的10%～20%时，土壤流失量在2000t·km^{-2}·a^{-1}以下；坡耕地面积比为40%左右时，年侵蚀量在2000t·km^{-2}·a^{-1}以上；坡耕地面积比为50%以上时，土壤侵蚀量大于3000t·km^{-2}·a^{-1}。三峡库区水土流失严重的云阳县，土地面积3649km^2，其中水土流失面积占67.6%，土壤侵蚀模数为4000t·km^{-2}·a^{-1}，严重地区高达8000t·km^{-2}·a^{-1}（唐治诚等，2002）。据三峡库区两次土壤侵蚀遥感调查结果（表3.1）（杜佐华等，1999），20世纪90年代末期的土壤侵蚀总面积比90年代初期减少，土壤侵蚀强度降低，这表明，经过10年的治理，水土流失的状况得到一定的遏制，生态环境有所改善，但三峡库区水土流失的治理依然面临严峻的挑战。

前已述及，紫色土是较其他土壤更易遭受侵蚀的一种土壤。土壤侵蚀是丘陵山地土地退化的主要原因之一。三峡库区紫色土坡地土壤遭受侵蚀已显而易见，其带来的直接后果就是土地退化，主要表现为土壤粗骨化、薄层化、贫瘠化、酸化等；同时还造成水库、塘、堰的淤积，制约水利工程和水能资源效益的充分发挥，加剧了洪涝灾害。

表 3.1　20 世纪 90 年代初和 90 年代末三峡库区水土流失情况对比

年份	水土流失总面积 /10^4 km^2	占土地总面积的百分数/%	不同程度水土流失面积占流失总面积的百分数/%				
			轻度	中度	强度	极强度	剧烈
90 年代初	3.46	58.0	17.7	30.4	33.1	12.3	6.5
90 年代末	2.96	50.6	17.5	46.0	24.0	9.5	3.0

参考文献

陈国阶，徐琪，杜榕桓，等. 1995. 三峡工程对生态与环境的影响及对策研究. 北京：科学出版社.

刁承泰. 1989. 四川盆地中部丘陵的土壤侵蚀特征. 西南师范大学学报（自然版），14（3）：86-93.

杜佐华，严国安. 1999. 三峡库区水土保持与生态环境改善. 长江流域资源与环境，8（3）：299-304.

李红卫，彭补拙. 1993. 三峡库区水土流失特点及其环境危害防治措施探讨. 长江流域资源与环境，2（4）:331-339.

李庆逵. 1983. 中国红壤. 北京：科学出版社.

李世菊. 1981. 利害攸关，事在人为. 水土保持通报，1（3）：58-63.

史德明. 1991. 土壤侵蚀对生态环境的影响及防治对策. 水土保持学报，5（3）：1-8.

唐治诚，钟冰. 2002. 云阳县旱地土壤退化及防治. 水土保持研究，9（4）：133-135.

中国科学院成都分院土壤研究室. 1991. 中国紫色土（上篇）. 北京：科学出版社.

第4章　三峡库区土壤侵蚀速率研究

土壤侵蚀是土地退化的主要形式之一，也是导致生态环境恶化的最严重的问题，FAO将其列为世界上土地退化的首要问题。据FAO专家估算，全世界约$2.5\times10^7\ km^2$的土地正遭受土壤侵蚀，占陆地总面积的16.7%，每年流失土壤$2.6\times10^{10}\ t$，全球83%的土地退化是由土壤侵蚀引起的（WCED，1987）。我国土壤侵蚀严重，遍布全国，而且强度高，成因复杂。据20世纪80年代末的RS普查，全国各类水土流失面积$4.92\times10^6 km^2$，占全国土地面积的51.5%，其中水力侵蚀面积$1.79\times10^6 km^2$，风力侵蚀面积$1.88\times10^6 km^2$，冻融侵蚀面积$1.25\times10^6 km^2$。近年来很多地区水土流失面积、侵蚀强度及危害程度呈加剧趋势，全国平均每年新增水土流失面积$1\times10^4 km^2$（国家环境保护局，1999）。而我国水土资源不足，时空分布又不均匀，可利用的后备资源缺乏，土壤侵蚀导致土地退化、土地质量下降将更加剧水土资源的匮乏。因此，土壤侵蚀量的研究不仅是土壤侵蚀研究的核心内容，也是土地退化研究的核心内容之一。

4.1　土壤侵蚀量研究进展及研究方法的选取

土壤侵蚀量是划分土壤侵蚀强度、绘制土壤侵蚀图、进行水土保持规划、设计治理措施以及评价这些措施的水土保持效益等的重要依据，也是土地退化定量研究的主要成果之一。土壤侵蚀量的研究在过去50多年内都是一个十分活跃的研究领域，国内外学者纷纷从不同学科，利用各种手段，对土壤侵蚀进行全方位的定量分析与研究，取得了一定的成果。但是，由于土壤侵蚀的间歇性、影响因素的复杂性以及土壤侵蚀的区域差异性，人们难以观测侵蚀作用的全过程，难以深入分析各影响因素的作用与贡献，给土壤侵蚀量精确数据的取得带来很大困难。因此，广泛运用数学理论、先进的技术手段和方法研究土壤侵蚀已成为土地退化研究的新趋势。

我国从20世纪80年代初开始对GIS在理论探讨、试验分析和开发应用方面进行了较广泛的应用研究。例如，北京市的水土流失调查，采用1∶25000

地形图、各种专题地图、定位观测数据和社会经济统计数据，以 15.5～30km^2 为流域单元，将影响水土流失的地质、地貌、地形、土壤、坡度、土地利用、水土流失程度及强度等要素相同或相似的区域，划分为 0.1～0.2km^2 的地块，编制成水土流失综合因子地块图；中科院南京土壤所卜兆宏（1989）的水土流失 RS 数据处理等研究。

新技术使地理概念和地理思想以模型形式表现成为可能。国外从 20 世纪初即开始土壤侵蚀的定量化研究，其中一类是完全经验性的，称之为经验相关模型，如 Musgrave 在 1947 年提出的含沙量经验方程，Wischemeir 等在美国经多年研究，于 20 世纪 60 年代提出的通用土壤流失方程 USLE，美国大西洋西南协调委员会（PSLAC）根据影响产沙量的地质、土壤、气候、径流、地形覆盖、土地利用、坡地侵蚀等于 1976 年提出的河流悬移质含沙量的公式；另一类模型则在建模时对其过程进行了简化和概化，可称之为物理概念模型，如美国的 Simons 等于 1975 年在科罗拉多州立大学发展的水流和泥沙推演模式（CSV），农区流域水资源模型（SWRRB），通用 USLE 的修正式（MUSLE），农业非点源污染模型（AGNPS）等（何太蓉，2004）。而美国于 1986 年开始研究的水蚀预报项目 WEPP（water erosion prediction project）则是可能取代 USLE 的新一代水土流失预报方程。USLE 考虑多个因子的状态进行预报；而 WEPP 则使土壤的沉积、分散、搬运过程定量化，并且从 1992 年起，WEPP 已在很多国家开始应用。USLE 和 WEPP 在世界上影响较大，因此，包括中国在内的很多国家在过去几十年试图结合本地区的特点，修正参数加以应用。然而，由于经验模型本身的局限，其成果应用难免受到限制。值得一提的是，我国近年来运用新的理论，构建的用于土壤侵蚀研究的模型不断涌现。陈利华等（1987）分别对悬移质输沙量与侵蚀模数的影响因子作了关联度分析；朱建林（1988）根据我国水土流失的现状建立了水土流失面积的GM（1，1)模型，认为我国 2000 年水土流失面积将达到 2.063×10^{6}km^2；朱根湖等（1991）对长江上游输沙量的研究表明，60～80 年代，由于人类活动的影响，长江上游输沙量每年递增 1.84%；陈楚群（1991）则建立了小流域土壤侵蚀灰色预测模型；马霭乃等（1990）以模糊数学为基础，利用模糊集合在水蚀与风蚀过渡区的柳河建立土壤侵蚀类型模式；孙立达等（1988）采用逐步回归法建立了宁夏西吉县 156 个小流域土壤侵蚀量的预报方案等，极大地推动了我国土壤侵蚀的定量化研究进程。

^{137}Cs 测试技术应用于土壤侵蚀研究始于 20 世纪 60 年代初期的美国，近 40 年来，已被广泛应用于世界很多地方的土壤侵蚀与堆积研究中。Menzel

(1960）在佐治亚（Georgia）和威斯康星州（Wisconsin）的研究中发现，土壤侵蚀小区内^{90}Sr损失与所测得的土壤侵蚀量相关；Dahlman等（1968）在田纳西流域将^{137}Cs施入长草的试验区，发现观测到的土壤流失与^{137}Cs的损失间有对数关系；Ritchie等（1974）描述了通过测定放射性沉降^{137}Cs损失的百分数来测定土壤侵蚀量的方法；70年代初期，以Mchenry和Ritchie为首的许多学者对利用流域中^{137}Cs的空间分布来确定土壤侵蚀量与沉积量、泥沙运移和泥沙在水体中的沉积等进行了系统研究（Ritchie et al.，1985；1974；Spomer et al.，1985；Mchenry et al.，1980）；其后，英国、澳大利亚、加拿大、以色列等国的学者陆续运用^{137}Cs研究了不同土地利用和不同景观条件下及不同小流域的土壤侵蚀与沉积，并取得很多成果（Emil，2003；Theocharopoulos et al.，2003；Hien et al.，2002；Andrello et al.，2001；Chappell et al.，1998）。

我国利用^{137}Cs示踪法研究土壤侵蚀始于20世纪80年代，张信宝等首先在我国黄土高原及四川等地进行了开拓性研究，在建立基于^{137}Cs再分布估算土壤侵蚀的模型与小流域应用研究方面取得了许多成果（吴永红等，1997；Zhang et al.，1990）；90年代又有学者采用^{137}Cs示踪法对我国西南石灰岩地区土壤侵蚀做了研究（文安邦等，2000）；尤其是一批学者用^{137}Cs法对小流域土壤侵蚀和泥沙来源方面进行了探讨（杨明义等，2001）。中科院南京土壤所的一批学者用^{137}Cs对我国江南红壤区的土壤侵蚀进行了系统研究，并在建立^{137}Cs估算土壤侵蚀的质量平衡模型上成果显著（唐翔宇等，2001；杨浩等，2000；Yang et al.，1998）；此外，还有一些学者用该方法对我国其他地区土壤侵蚀进行研究，如在新疆风蚀地区、福建水蚀地区和青藏高原风蚀地区等（金平华等，2004；张燕等，2002a；严平等，2000；濮励杰等，1999；1998）。

基于以上^{137}Cs法在土壤侵蚀研究中的广泛应用以及取得的较好效果，本书拟在进行三峡库区紫色土坡地土壤侵蚀和剥蚀速率的研究中采用此法。

4.2 土壤侵蚀的剥蚀速率研究方法——^{137}Cs分析法

4.2.1 ^{137}Cs法基本原理

在研究土壤侵蚀过程中，人们需要了解侵蚀的来源、部位、侵蚀速率及侵蚀物质沉积的部位与沉积速率。现已有许多定性与定量测定土壤侵蚀和泥沙沉积速率的技术，可利用经验和理论方法对侵蚀速率和沉积速率进行估算，但只有为数不多的技术可同时提供侵蚀和沉积的数据，^{137}Cs 示踪技术即为其中之一。^{137}Cs 作为土地侵蚀示踪剂，可测定研究区是受侵蚀作用还是受沉积作用，并提供侵蚀速率与沉积速率的信息（冯明义等，2002；Lu et al.，2000；Quine et al.，1999）。

^{137}Cs 原本在自然界中并不存在，它是一种人工放射性核素。作为核试验中核裂变产物的^{137}Cs 被抛入同温层，并在那里绕地球环行，当它由同温层返回对流层时，通常以干沉降和湿沉降的形式在全球沉降和分布。土壤中观测到^{137}Cs 的最早年份是 1954 年，全球^{137}Cs 沉降的主要时期是 1958～1963 年（或 1964 年），沉降量较少时期在 1971 年和 1974 年，这与地上核试验活动有关。20 世纪 70 年代后，沉降就很少了，1986 年苏联切尔诺贝利核电站事故产生的^{137}Cs 在欧洲和其他部分地区土壤中也能够检测到（Owens et al.，1997）。

虽然干沉降在核试验基地周围的局部地区很重要，但从全球范围来看，^{137}Cs由大气到地面的沉降与降水密切相关，各纬度带内总沉降与降雨线性相关。^{137}Cs 在地表的循环输移主要发生在植被、土壤和水体间（图 4.1）（Davis，1963）。

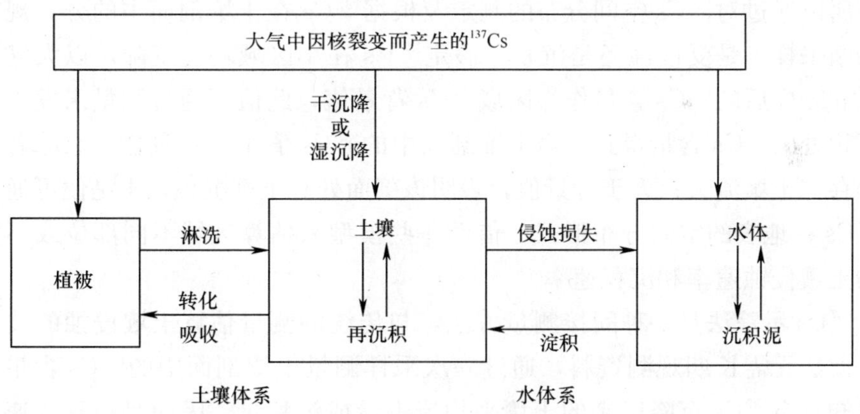

图 4.1　^{137}Cs 在地表的循环

植被自大气吸附的^{137}Cs 当年便有 93％被淋洗到土壤中，从土壤和水中吸收的^{137}Cs 数量极其微小，且吸收的^{137}Cs 在植物死亡腐烂后又释放回土壤中。

水体中的^{137}Cs 来源于受侵蚀土壤吸附的^{137}Cs 随泥沙输入水体和水体表面的直接沉降，在暴雨事件中，部分刚沉降的^{137}Cs 可能在土壤吸附之前从地面进入水体。由大气沉降的^{137}Cs 进入水体后便被水体中悬浮物吸附并随之沉积于底泥中，除溢岸洪水使^{137}Cs在洪积平原上重新沉积外，水体底泥便成为^{137}Cs的最终聚集地。

土壤中的^{137}Cs则来自大气沉降和植被的淋洗、死亡植物的释放，以及侵蚀土壤颗粒的重新沉积、洪积平原和沿海地区洪水泛滥时的^{137}Cs沉积。由于可忽略土壤中化学和生物引起的^{137}Cs有限迁移，土壤机械运动便成为土壤^{137}Cs重新分布及由土壤向水体运动的主要方式。

降落到地表的^{137}Cs迅速为土壤黏粒和有机颗粒紧密吸附，基本不被雨水淋溶和植被摄取，一旦被固定，便很难被其他离子置换替代；且由于自身的化学迁移能力及被植物吸收的能力极弱（Ritchie et al.，1985），^{137}Cs在土壤表层的再分布主要是伴随着土壤颗粒的机械运动而发生。这些特点加上^{137}Cs具有30.17年的半衰期并能放射出较强的γ射线（662keV）的特性，使人们不需对土壤样品进行特殊的化学处理与分离，便能方便地使用γ谱仪准确测量土壤中的^{137}Cs含量。因此，^{137}Cs是一种研究地表土壤侵蚀、泥沙输移和沉积的良好的示踪同位素。尤其在估算中期（40年左右）土壤侵蚀以及泥沙沉积方面，^{137}Cs示踪法是一种有效的方法。

尽管^{137}Cs在较大范围的沉降是不均匀的，但在不大区域的沉降还是均匀的，所以通过对^{137}Cs空间分布的测定及根据^{137}Cs在土壤剖面中的分异规律便可判断采样点是受侵蚀还是沉积。假定^{137}Cs在小区域均匀沉降，以大气沉降输入和衰变后的^{137}Cs含量作为区域^{137}Cs背景值，此值可通过测量未发生侵蚀与沉积处的^{137}Cs含量得到。当土壤剖面中的^{137}Cs值小于背景值，意味着该剖面处存在土壤流失；大于背景值，表明该剖面处有土壤沉积，于是便可通过测定^{137}Cs在地表的空间分布形式，借助一些模型来估算区域不同部位或不同地块的土壤侵蚀速率和沉积速率。

^{137}Cs示踪法是一种间接测量方法，与传统的测量估算土壤侵蚀的技术相比，此法无需长期观测资料，通过一次采样测量土壤剖面中的^{137}Cs含量，便可推知自有^{137}Cs沉降以来的土壤平均流失量或沉积量，因而是一种快速、简便、花费少的方法，且其测定的是每一地块的净土壤流失，即一地块内的土壤流失量与土壤沉积量之差，因此，可提供更为真实的侵蚀与泥沙输移的信息。

4.2.2 研究步骤

^{137}Cs示踪法研究土壤侵蚀与沉积的步骤为：①采集土样，测试样品中的^{137}Cs含量C_t（$Bq \cdot m^{-2}$）。②确定研究区域的背景值C_{ref}（$Bq \cdot m^{-2}$）。③判

断采样点是受侵蚀还是发生沉积。若采样点的实测^{137}Cs 含量 $C_t<C_{ref}$，表明该处存在土壤流失；而 $C_t>C_{ref}$，意味着有土壤沉积。④区分耕作土和非耕作土，选择或设计侵蚀与沉积估算模型。⑤用模型分别计算土壤侵蚀厚度或沉积厚度，并进一步求出土壤侵蚀速率或沉积速率（冯明义等，2002；Lu et al.，2000；Quine et al.，1999）。图 4.2 为^{137}Cs 示踪法研究步骤示意图。

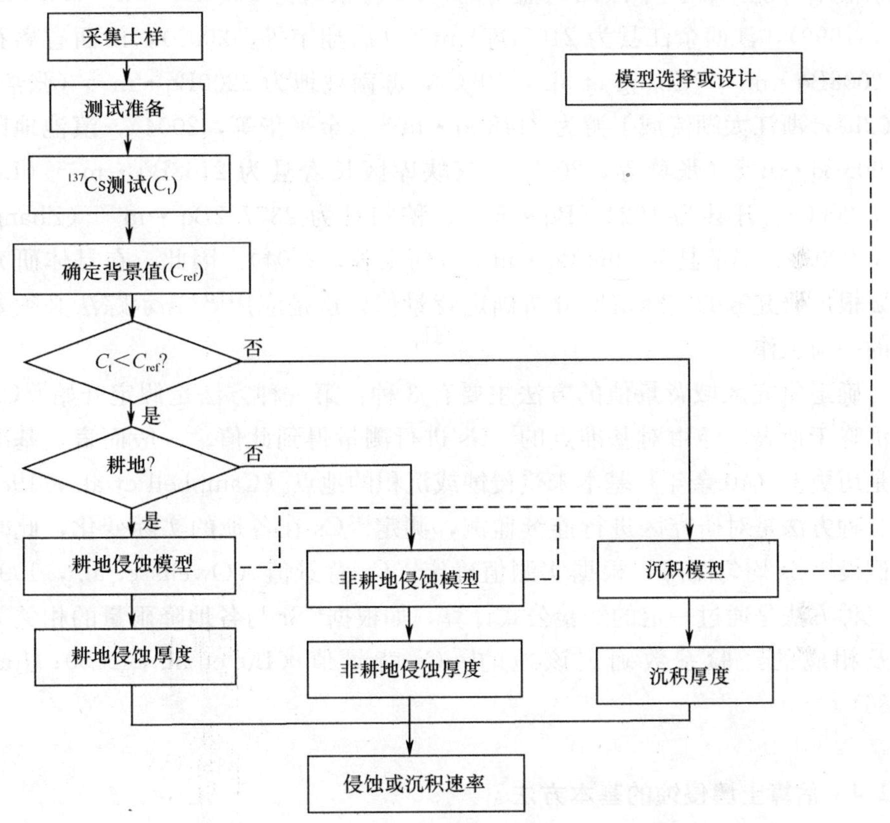

图 4.2　^{137}Cs 示踪法研究步骤示意图

4.2.3　确定研究区^{137}Cs 背景值的方法

从^{137}Cs 示踪法原理可知，采用^{137}Cs 法必须首先确定^{137}Cs 输入基准（即背景值）。Rogowski 等（1965）最早指出，对于较小的土壤侵蚀小区，^{137}Cs 在土壤中的再分配和侵蚀小区土壤的运移紧密相关。土壤中^{137}Cs 的流失量与土壤的流失数量密切相关，在既没有侵蚀也没有淤积发生的地点，测到的^{137}Cs即为一个地区^{137}Cs输入量的背景值。某一土壤剖面的^{137}Cs面积浓度低于或高于当地^{137}Cs背景值，一般表明该土壤剖面处有侵蚀或堆积发生，根据^{137}Cs的流失量或堆积量，可以定性分析或定量计算该处的土壤流失量或堆积量（冯明义等，2002；濮励杰等，1998）。而由于^{137}Cs沉降量与降水相关，各地的^{137}Cs背景值不可能一样。中国四川盐亭的^{137}Cs背景值为2600Bq · m^{-2}（Quine et al.，1999），江西余江县为2107Bq · m^{-2}（唐翔宇等，2001），山西省离石县为2008Bq · m^{-2}（Zhang et al.，1990），苏南坡地为2200Bq · m^{-2}（张燕等，2002b），浙江太湖流域上游为2148Bq · m^{-2}（金平华等，2004），滇池地区仅为906Bq · m^{-2}（张燕等，2005），三峡库区长寿县为2163Bq · m^{-2}（Lu et al.，2000）、开县为1924.6Bq · m^{-2}、秭归县为2377.2Bq · m^{-2}（Zhang et al.，2003）、奉节县为1965Bq · m^{-2}（何太蓉，2004）。因此，在具体研究中需要根据研究区的实际情况分析确定背景值，这是应用^{137}Cs示踪法必须要完成的一项工作。

确定研究区域背景值的方法主要有3种：第一种方法是假定开始^{137}Cs均匀沉降于地表，经由对基准点的^{137}Cs进行测量得到此值。一般而言，基准点应是历史上（40余年）基本未受侵蚀或沉积的地点（Campbell et al.，1985）；第二种方法是对研究区进行连续监测，测定^{137}Cs在各地的实际变化，此时勿需假设^{137}Cs均匀沉降，根据实测值确定^{137}Cs背景值（Owens et al.，1997）；第三种方法是通过一定的经验公式计算，如根据^{90}Sr与各地降雨量的相关关系以及相应的经验系数确定该地的^{137}Cs背景值（Lu et al.，2000；Jorge，1986）。

4.2.4　估算土壤侵蚀的基本方法

土壤剖面中的^{137}Cs含量表征了土壤侵蚀的程度，但根据土壤剖面的^{137}Cs含量估算土壤侵蚀量需找到两者之间可靠的函数关系。借助^{137}Cs变化量估算土壤侵蚀量的方法主要有两大类：一类是图线法，另一类是模型法。

图线法是在20世纪80年代由加拿大的Kachanoski（1984）、澳大利亚的Campbell等（1988）和英国的Quine等（1999）相继提出的。他们给出了^{137}Cs相对流失量和侵蚀模数的相关曲线，通过测定待研究区土壤剖面中的^{137}Cs含量，并与研究区背景值对比得到^{137}Cs的相对流失量，再利用他们绘制的图线，便可得到研究区的土壤侵蚀量。但因为^{137}Cs在大范围内的沉降是不均匀的，从一地研究结果获得的曲线对异地的适用性便受到限制，因此该法精度稍差。然而，此法比较简便，其结果可作为模型法的参照。

实践中人们更多是用模型法估算土壤侵蚀量。用^{137}Cs 法估算土壤侵蚀的模型又可分为两类：一类是经验模型，它们是通过对由其他方法获得的土壤侵蚀数据进行统计分析，得出土壤中^{137}Cs 流失量和土壤侵蚀量间的关系，如 Ritchie 等（1974）曾建立了^{137}Cs 流失量与根据 USLE 求得的侵蚀量之间的回归关系；另一类是建立在对土壤侵蚀机理与对^{137}Cs 示踪原理的认识与理解基础上的物理模型（理论模型），如根据^{137}Cs 沉降量、衰变速率，^{137}Cs 在土壤剖面中的分布特征，犁耕混合作用和表层土壤流失过程，^{137}Cs 在表层的富集过程等，国内外学者建立了众多物理模型（Emil，2003；Andrello et al.，2001；杨浩等，1999；Chappell et al.，1998）。

4.2.5　土壤侵蚀模型分析

应用^{137}Cs 来研究土壤侵蚀作用的关键和基础，是土壤剖面中^{137}Cs 的流失量与土壤损失量（土壤侵蚀量）之间的关系问题。只有相对准确地建立了这种关系，才能定量地估算土壤剖面中土壤的侵蚀量。迄今为止，许多学者根据各自的研究需要发展了数十种定量模型，可归纳为经济模型和理论模型。前者既用于耕地也用于非耕地，但只适用于一定的空间范围，难以将一处的经验模型推广，具有明显的局限性，因而越来越少地被应用于侵蚀估算。后者也适用于耕地和非耕地，常用于土壤的侵蚀估算。适用于耕作土的估算模型主要有比例模型、重量模型、幂函数模型和质量平衡模型等；适用于非耕作土的估算模型有剖面分布模型和迁移扩散模型等（Walling et al.，1999；张燕，2002）。

1. 耕作土的土壤侵蚀模型

1）经验模型

估算土壤侵蚀的经验模型主要在 20 世纪 60 年代和 70 年代发展起来，这类模型讨论的对象一般不分耕作土与非耕作土。Ritchie 等首先在土壤^{137}Cs 损失率与土壤侵蚀量之间建立起经验的定量关系，此后有许多研究者都采用这类模型

$$E_r = \alpha\lambda^{\beta} \tag{4.1}$$

其中

$$\lambda = \frac{C_{ref} - C_t}{C_{ref}} \times 100\% \tag{4.2}$$

式中，E_r 为年土壤侵蚀速率（$t \cdot km^{-2} \cdot a^{-1}$）；$\lambda$ 为土壤^{137}Cs损失百分率（%）；C_{ref}为研究区域的^{137}Cs背景值（$Bq \cdot m^{-2}$）；C_t 为采样点的实测^{137}Cs值（$Bq \cdot m^{-2}$）；α、β为待定系数，一般基于侵蚀小区的侵蚀量与土壤剖面^{137}Cs损失率的关系求得。

该模型仅代表侵蚀小区内的平均净土壤侵蚀量，而因为土壤类型、坡面特征的差异等使^{137}Cs的分布在空间变异很大，所以土壤侵蚀速率与各具体采样点^{137}Cs损失率在空间上并不直接一一对应。又因为土壤中^{137}Cs含量及土壤^{137}Cs损失百分率反映的是自^{137}Cs沉降以来整个时期的损失，而实验小区的土壤侵蚀量往往并非与^{137}Cs沉降时期相对应，故式（4.1）反映的土壤侵蚀速率与^{137}Cs损失百分率在时间上也并非完全真实对应。虽然该模型既用于耕地也用于非耕地，但只适用于一定的空间范围，难以将一处的经验模型推广。

2）理论模型

估算耕作土土壤侵蚀的理论模型已有很多，归纳起来，主要有以下几种：

（1）比例模型。

$$E_r = \frac{DH_c\lambda}{10(T - 1954)} \tag{4.3}$$

式中，D 为土壤堆密度（$kg \cdot m^{-3}$）；H_c 为耕层深度（m）；T 为采样年份，$(T-1954)$为自 1954 年以来经历的时间（年）；λ 含义同式（4.1）。

该模型假定^{137}Cs沉降全部均匀混合于耕作层中，自从^{137}Cs沉降开始后土壤侵蚀量与土壤剖面中的^{137}Cs损失百分率成正比。该模型结构简单，模型参数和变量值的确定容易，使用方便。但其假设存在问题，因为当表层土壤发生侵蚀之后，耕层以下的土壤将通过耕作活动混合至耕层，使耕层中的^{137}Cs浓度下降，故模型对土壤侵蚀量的估算可能比实际情况偏低；对实际土壤而言，在两次耕作之间往往发生^{137}Cs沉降富集于地表，耕层中的^{137}Cs呈现非均匀分布，此时模型估算的侵蚀量可能偏高；且模型没有考虑^{137}Cs输入是不均匀的（即沉降分量的变化）。

（2）重量模型。

$$E_r = \frac{C_{ref} - C_t}{C_s(T - 1954)} \tag{4.4}$$

式中，C_s 为侵蚀区域土壤的^{137}Cs平均质量活度（$Bq \cdot kg^{-1}$），其余字母含义同式（4.2）、式（4.3）。确定^{137}Cs依赖于足够的侵蚀小区的实验。模型未考虑发生土壤侵蚀后耕层以下土壤的混合对耕层中^{137}Cs浓度的稀释作用，可能高估土壤侵蚀量。

（3）幂函数模型。

$$E_r = MR^{-1}\left[1-\left(\frac{C_{s_t}}{C_{s_0}}\right)^{\frac{1}{t-t_0}}\right] \tag{4.5}$$

式中，E_r 为年土壤侵蚀速率（$t \cdot km^{-2} \cdot a^{-1}$）；$C_{s_t}$ 为研究区域 t 年时土壤剖面中的 ^{137}Cs 质量活度（$Bq \cdot kg^{-1}$）；C_{s_0} 为 t_0 年时土壤剖面中的 ^{137}Cs 质量活度（$Bq \cdot kg^{-1}$）；M 为 ^{137}Cs 分布于其中的耕层单位面积土壤质量（$kg \cdot m^{-2}$）；R 为流失泥沙的 ^{137}Cs 与耕层中的 ^{137}Cs 活度之比。该模型考虑了耕作活动对耕层中 ^{137}Cs 活度的稀释作用，但未考虑 t_0 年以来的 ^{137}Cs 沉降量，因而只能近似估算历史上主要 ^{137}Cs 沉降发生时期后的土壤侵蚀速率。

（4）质量平衡模型。

质量平衡模型首先由 Kachanoski 提出，其后不同学者相继提出了各自不同形式的模型。

①基本形式为

$$S_t = (S_{t-1} + F_t - E_t)K, \quad t = 1,2,3,\cdots,T-1954 \tag{4.6}$$

式中，S_t 和 S_{t-1} 分别为 t 年和 $t-1$ 年末土壤剖面中的 ^{137}Cs 含量（$Bq \cdot m^{-2}$），F_t 是 t 年的 ^{137}Cs 沉降量（$Bq \cdot m^{-2}$）；E_t 是 t 年由于侵蚀而损失的 ^{137}Cs 量（$Bq \cdot m^{-2}$）；$K=0.977$ 是 ^{137}Cs 的年放射性衰变常数；T 为采样年份，1954 年为在土壤中可测得 ^{137}Cs 的年份。

②质量平衡模型的一般模式为

$$\frac{dA(t)}{dt} = I(t) - \left(K + \frac{E_r}{d}\right) \tag{4.7}$$

式中，$A(t)$ 为耕作土 ^{137}Cs 含量（$Bq \cdot m^{-2}$）；$I(t)$ 为 t 年的 ^{137}Cs 年沉降量（$Bq \cdot m^{-2}$）；t 为自有 ^{137}Cs 沉降起的年份（年），$t>1954$；E_r 为土壤侵蚀速率（$t \cdot km^{-2} \cdot a^{-1}$）；$d$ 为耕层土壤的单位面积质量（$kg \cdot m^{-2}$）。

此后 Kachanoski 考虑了 ^{137}Cs 易富集于土壤的细颗粒中且侵蚀的也是土壤细颗粒这个因素，将富集系数引入模型。

③张信宝建立了简化的质量平衡模型，其中有几个假定：第一，假设每年流失含 ^{137}Cs 的犁耕层土壤为犁耕翻起不含 ^{137}Cs 的底土所补偿，全部 ^{137}Cs 都集中分布于耕层之中；第二，假设每年的侵蚀速率一致；第三，假设收割和施肥对土壤中 ^{137}Cs 含量的影响忽略。年土壤侵蚀厚度、土壤剖面 ^{137}Cs 总量和逐年 ^{137}Cs 沉降量之间的关系为

$$C_t = \sum_{i=1956}^{1970} R_i K^{T-1956}\left(1-\frac{h_r}{H_c}\right)^{T-i} \tag{4.8}$$

式中，R_i 为第 i 年^{137}Cs 的沉降量；h_r 为年侵蚀厚度；其余字母同前述各式。

由于逐年的^{137}Cs 沉降量是未知的，无法用上式计算，而 1963 年是 1956～1970 年的中间年份，于是假定全部^{137}Cs 沉降都发生在 1963 年，式（4.8）便简化为

$$C_t = C_{ref}\left(1 - \frac{h_r}{H_c}\right)^{T-1963} \tag{4.9}$$

国内很多学者在估算耕地土壤侵蚀速率时直接引用该模型。但其有如下两点不足：第一，假定^{137}Cs 沉降全部集中发生于特定年份 1963 年，且认为 1970 年以后没有沉降似乎理由不充分。从 Owens 提供的北半球^{137}Cs 沉降分量的数据来看，1963 年前（1954～1962 年）的^{137}Cs 沉降分量占到全部^{137}Cs 沉降量的 41.22%，而 1971～1990 年的沉降占全部沉降量的 16.83%，不考虑 1963 年前及 1970 年后的沉降量可能会引起较大误差。第二，假设^{137}Cs 全部集中于耕层之中亦与很多实际情况不符。实际上^{137}Cs 在耕层中基本呈均匀分布，但仍有部分^{137}Cs 渗于耕层以下；在耕层以下^{137}Cs 含量随深度逐渐下降，因而只考虑耕层中的^{137}Cs 而不考虑下渗部分的^{137}Cs 就将夸大^{137}Cs 的损失量。

④周维芝对式（4.9）进行了改进，特点是考虑了有^{137}Cs 沉降时期（1956～1970 年）与无沉降时期（1970 年以后）耕层中^{137}Cs 的输入与输出差异情况，其模型为

$$C_t = \frac{C_{ref}}{15}(1-\alpha\%)^{t-1970}\,\frac{(1-\alpha\%)-(1-\alpha\%)^{16}}{1-(1-\alpha\%)} \tag{4.10}$$

式中，$\alpha\%$为某一点年均^{137}Cs 流失的百分比，$\alpha\% = h_r/H_c$。

⑤Fredericks 对基本质量平衡模型进行了改进，加入了侵蚀速率的年间变化，并应用于澳大利亚。Quine、Walling 以及 He 考虑了新沉降的^{137}Cs 被耕作活动混入耕层前的情况之后扩展了质量平衡模型。然而，这些模型大多没有考虑^{137}Cs 被耕作活动混入耕层之前的损失，也没有考虑土壤颗粒对^{137}Cs 含量的影响，因为^{137}Cs 易被吸附在容易被迁移的细颗粒土壤表面。为此，Walling 等考虑了耕作之前因降雨导致含^{137}Cs 较高的表层土壤的侵蚀损失，侵蚀迁移土壤的颗粒粒径分布与原土壤的差异，以及不同粒径的土粒所含^{137}Cs 量和土壤颗粒迁移的差异性，将上述模型改进得到下式：

$$\frac{dA(t)}{dt} = (1-\Gamma)I(t) - \left(K + P\frac{E_r}{d}\right)A(t) \tag{4.11}$$

式中

$$\Gamma = Pr\left(1 - e^{\frac{E_r}{H}}\right)$$

其中，Γ 为新沉降的 ^{137}Cs 在混入耕作层之前的侵蚀损失率；P 为颗粒校正因子，即沉积土壤与侵蚀迁移土壤的 ^{137}Cs 活度之比（$P>1.0$）；r 指在耕作活动之前，耕作土壤的 ^{137}Cs 年沉降量易受到侵蚀的比例，其值决定于耕作时间和当地的降水时间分布；H 为土壤剖面起始 ^{137}Cs 分布深度。该模型考虑了诸多影响土壤侵蚀的因素，但仍有局限性，因其并未考虑耕作活动对土壤不同粒径颗粒的迁移性影响。

⑥杨浩等也设计了质量平衡模型，不考虑 ^{137}Cs 在地表富集的耕地土壤侵蚀的质量模型为

$$C_t=\left[K^nR_1\left(1-\frac{h_r}{H_c}\right)^n+K^{n-1}R_2\left(1-\frac{h_r}{H_c}\right)^{n-1}+\cdots+KR_n\left(1-\frac{h_r}{H_c}\right)\right]C_{ref}/W_n \tag{4.12}$$

式中校正系数 W_n 的计算方法为

$$W_n=K_nR_1+K_{n-1}R_2+\cdots+KR_{n-1}+R_n \tag{4.13}$$

当考虑 ^{137}Cs 在地表富集时，他们假定在 $t-1$ 年 ^{137}Cs 在耕作土壤中均匀分布，由于 t 年 ^{137}Cs 的新沉降使其在地表产生富集，^{137}Cs 在地表富集特征以分布函数描述，有指数、线性与均一 3 种类型。于是他们根据 ^{137}Cs 的年沉降分量、^{137}Cs 在地表的富集特征、耕作层深度、^{137}Cs 衰变及采样年份建立了估算土壤侵蚀的质量平衡模型，如下式所示：

$$\begin{aligned}C_t=&\left[K^nR_1\left(1-\frac{h_r}{H_c}\right)^{n-1}+K^{n-1}R_2\left(1-\frac{h_r}{H_c}\right)^{n-2}+\cdots\right.\\&\left.+K^2R_{n-1}\left(1-\frac{h_r}{H_c}\right)+KR_n\right]\left(1-\frac{h_r}{H_s}\right)C_{ref}/W_n\end{aligned} \tag{4.14}$$

式中，h_r、H_c 和 H_s 分别为年土壤侵蚀厚度、犁耕层厚度和 ^{137}Cs 在地表的富集厚度；$n=T-1954$，T 为采样年份；W_n 为校正系数；R_i 为给定年的 ^{137}Cs 沉降分量。

该模型考虑因素较多，形式也较简单，但由于各研究区的 ^{137}Cs 年沉降分量数据难以得到，用 Owens 的北半球 ^{137}Cs 沉降资料来分析特定研究区的侵蚀恐怕误差较大。

2. 非耕地土壤侵蚀估算模型

由于 ^{137}Cs 在非耕作土壤剖面中的分布与耕作土不同，估算土壤侵蚀的模型自然也就不同。它也可分为经验模型与理论模型两类。经验模型与耕地的相似，此处不再赘述。主要的理论模型有以下几种。

1）剖面分布模型

非耕作土壤剖面中^{137}Cs的垂直分布多随深度呈指数衰减，分布函数为

$$C'(z) = C_{ref}(1 - e^{-\frac{z}{h_0}}) \tag{4.15}$$

式中，$C'(z)$为土壤剖面某一深度z以上^{137}Cs的含量（$Bq \cdot m^{-2}$）；z为从地表算起的土壤深度（m）；h_0为描述剖面特征参数（m），剖面特征参数值越小，^{137}Cs在土壤剖面中的入渗越深。

假定总的^{137}Cs沉降都发生于1963年，而且^{137}Cs在土壤剖面中的深度分布只取决于时间，则某研究点土壤侵蚀速率为

$$E_r = \frac{10h_0 D}{T - 1963}\ln\left(1 - \frac{C_{ref} - C'(z)}{C_{ref}}\right) \tag{4.16}$$

2）质量平衡模型

Walling等考虑了^{137}Cs沉降在时间上的不均匀性和沉降后发生的再分布对土壤中^{137}Cs分布的影响，采用一维运移模型、有效扩散系数和迁移速率建立了复杂的模型。杨浩则在他们的基础上，考虑了3种不同的^{137}Cs分布形式即指数分布、峰值分布与幂函数分布，建立了质量平衡模型。建模过程与耕地模型式（4.12）、式（4.14）相似，为

$$\frac{C_{ref} - C_t}{C_{ref}} = 100 - [R_1(1 - \lambda_r)^{28} + R_2(1 - \lambda_r)^{27} + \cdots + R_{29}](1 - \lambda_r)^{T-1982} \tag{4.17}$$

式中，λ_r为侵蚀常数，即土壤中^{137}Cs年损失百分率。

4.2.6 研究区土壤侵蚀模型的建立

1. 非耕作土的土壤侵蚀模型

选择一个未受扰动、非蚀非积、植被覆盖的平坦土壤剖面作为标准，建立该标准剖面中^{137}Cs强度与深度的函数方程$C_{ref} = F(z)$（$0 \leqslant z \leqslant H$），再假设侵蚀剖面的实测$^{137}Cs$强度与深度的变化亦满足此方程$C_t = F(z)$，$h \leqslant z \leqslant H$，然后解两方程，得$h$与变化量$\Delta C$的函数关系，以此作为估算模型。

国内外诸多研究表明，^{137}Cs在非耕作土中多呈指数分布（图4.3）。因此，设标准剖面中^{137}Cs质量活度的垂直分布函数为$f(z) = ae^{-bz}$（a，$b > 0$），于是有

$$C_{ref} = \int_0^H Df(z)dz, \quad C_t = \int_h^H Df(z)dz$$

则^{137}Cs流失量$\Delta C(Bq \cdot m^{-2})$为

$$\Delta C = C_{ref} - C_t = \int_0^H Df(z)dz - \int_h^H Df(z)dz \tag{4.18}$$

对式（4.18）求解可得t年来土壤侵蚀总厚度h（mm）为

$$h = -\frac{1}{b}\ln\left[1 - \frac{(C_{ref} - C_t)b}{aD}\right] \tag{4.19}$$

以上各式中，H为^{137}Cs分布深度（mm）；D为土壤堆密度（$g \cdot cm^{-3}$）；a为土壤表层的^{137}Cs质量活度（$Bq \cdot m^{-2}$）；b为^{137}Cs质量活度衰减系数（mm^{-1}）；z为土壤深度（mm）。

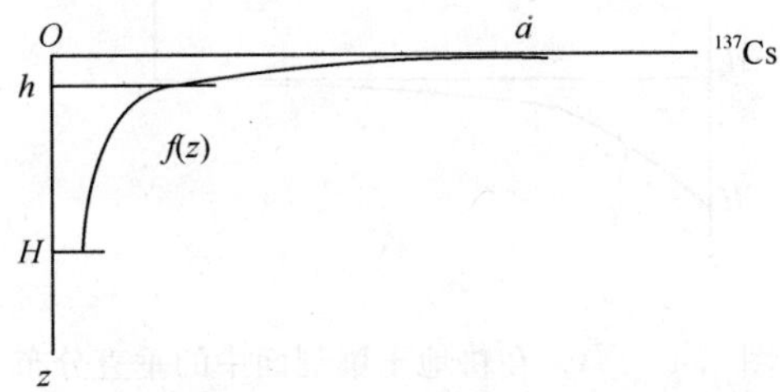

图4.3　^{137}Cs在非耕地土壤剖面的垂直分布

2. 耕作土的土壤侵蚀模型

基本思路与非耕作土类似，只是对于耕地来说，由于耕作活动的扰动，^{137}Cs在耕层（H_c）中基本呈均匀分布，平均质量活度浓度为$\rho(Bq \cdot kg^{-1})$。但国内外学者发现^{137}Cs分布深度多深于耕层，则无侵蚀耕作剖面中C_{ref}和侵蚀耕作剖面中C_t均分作两部分：一部分是均匀分布于耕层中的C_{ref1}和C_{t1}，另一部分是入渗于耕层以下的C_{in}（图4.4），即有

$$C_{ref} = C_{ref1} + C_{in} = D\rho H_c + C_{in}, \quad C_t = C_{t1} + C_{in} = D\rho(H_c - h) + C_{in}$$

而^{137}Cs流失量$\Delta C = C_{ref} - C_t = D\rho h$，整理得

$$h = H_c \frac{C_{ref} - C_t}{C_{ref} - C_{in}}, \quad C_{in} = \int_{H_c}^h Df(z)dz \tag{4.20}$$

本次研究由于受采样深度的限制，此处C_{in}可视为0，即土壤侵蚀的空间差异与^{137}Cs的空间分布呈线性相关。于是式（4.20）可简化为

$$h = H_c \frac{C_{ref} - C_t}{C_{ref}} \tag{4.21}$$

由式（4.19）和式（4.21）求出土壤流失总厚度h后，t年来土壤年均流

失厚度h_r(mm)和相应的年均侵蚀速率即土壤侵蚀模数E_r(t·km^{-2}·a^{-1})为

$$h_r = \frac{h}{t} = \frac{h}{T-1954} \tag{4.22}$$

$$E_r = Dh_r \times 1000 \tag{4.23}$$

式中,T为采样年份;$T>1954$年,1954年为土壤中能检测到^{137}Cs的年份。

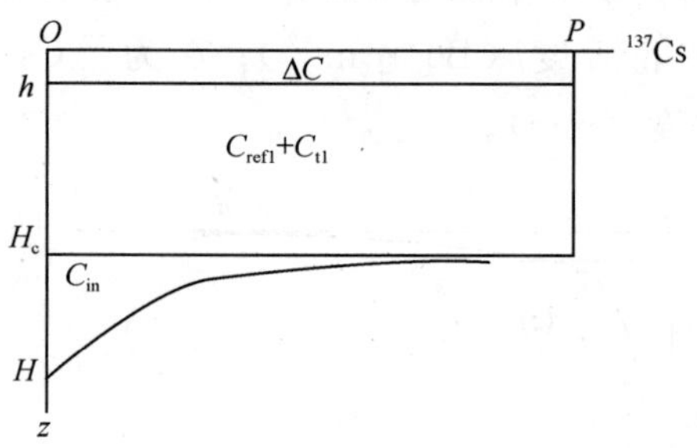

图4.4 ^{137}Cs在耕地土壤剖面中的垂直分布

应该说明的是,在此提出和选用的模型是总量模式和平均模式,尽管其中有些因素尚待考虑,但其物理意义还是清晰的,且可以简化和加快得到结论的过程,若能将此与其他学者的模式(式(4.3)、式(4.4)、式(4.16))相互参照使用,得到的结论可靠性将大为提高。

4.2.7 研究区^{137}Cs背景值的确定

如前所述,合理确定研究区的^{137}Cs背景值是应用^{137}Cs示踪法的重要前提之一,而基准点的选取对于确保^{137}Cs基准值的可靠性相当重要,直接影响土壤侵蚀模数计算结果的准确性和可靠性。一般而言基准点应在历史上(40余年来)基本未受到侵蚀或沉积(Campbell et al.,1988)。国内外研究中一般把未受到侵蚀或沉积的大面积的平坦山顶和非耕作平地选做基准点。根据要求,我们在三峡库区巫山县城以西约3km处的铜盆地中,选择一山脊顶部面积较大的草地平坦地段(31°04′55″N、109°51′43″E),采集了一个土样(石灰土);又在云阳县长江左岸的磨子岩裂口山南坡找到一相对平坦的、基本处于自然状态的草地(30°57′10″N、108°36′35″E)采集一个样品(紫色土),以此作为前一剖面的参照。经实验数据分析,两个剖面各层^{137}Cs质量活度基本随剖面深度呈指数衰减。但作为标准剖面,YY-005和WS-003的0~5cm和5~

10cm 相应采样层^{137}Cs 浓度有一定差异，前者比后者分别减少 4.86Bq · kg^{-1} 和 5.38Bq · kg^{-1}，而 10～15cm 和 15～20cm 采样层的^{137}Cs 浓度则相差无几。这里认为，整个三峡库区同属亚热带湿润季风气候，降水区域差异不大，在本区自然地理环境特征相似的地点，其^{137}Cs 的浓度应该没有太大的差异。而造成上述两个标准剖面表层^{137}Cs 浓度差异的主要原因是剖面 YY-005 所处的地形坡度较大，土壤发生微量侵蚀之故。所以，本次以剖面 WS-003 作为研究区基准剖面，经计算，其^{137}Cs 面积含量为 2026.21Bq · m^{-2}。这和上述其他学者在三峡库区所做的结果基本吻合。因以上研究区域长寿、开县、奉节、巫山和秭归 5 县（区）分别位于三峡库区的上、中、下段，据此，取以上已研究结果的平均值 2029.2Bq · m^{-2} 作为三峡库区^{137}Cs 强度的背景值比较符合实际情况，并进行本次土壤侵蚀速率的估算和分析。

4.2.8　结果分析与讨论

1. ^{137}Cs 质量活度随土壤深度变化分析

从^{137}Cs 的测定结果来看（表 2.7），各土壤剖面的^{137}Cs 分布形式存在着差异。根据各剖面的土地利用类型，可分成耕地、林地、园地、草地、荒地以及标准剖面 6 组，其土壤剖面分别为 13 个、18 个、8 个、4 个、3 个和 2 个，不同利用类型土壤剖面和标准剖面^{137}Cs 活度分布随采样深度之关系分别见图 4.5 和图 4.6。

土壤剖面^{137}Cs 活度的分布值可综合反映土体垂直空间的交换强度或人类活动（如犁耕）对土地的利用强度。根据 Walling 等的研究，^{137}Cs 质量活度的分布一般随土壤剖面深度的增加呈指数递减分布，通常集中于土壤表层（20cm左右）或犁底层以上。从本研究区土壤剖面^{137}Cs 的活度分布值看，非耕作土中的园地、草地基本符合这一规律，呈现土壤表层中^{137}Cs 活度值高于下层的普遍结果，说明土壤剖面上下层的土体交换并不频繁。与其他利用类型剖面相比，草地土壤剖面中^{137}Cs 活度值比较小，主要是采样点坡面坡度都较大（均大于 15°），土壤侵蚀也比较严重。林地土壤剖面^{137}Cs 活度值在 10～15cm 和 5～10cm 土层中表现最高，主要是因为本研究区采样林地多为次生林或疏林地，植被覆盖率不高，人类活动对其有一定的干扰或影响（如砍柴、伐木等）。荒地土壤剖面^{137}Cs 活度值出现上小下大的倒置现象，可能是由于地表植被覆盖较少，多数地表裸露，加之荒地多处在陡坡地段，水土流失严重所

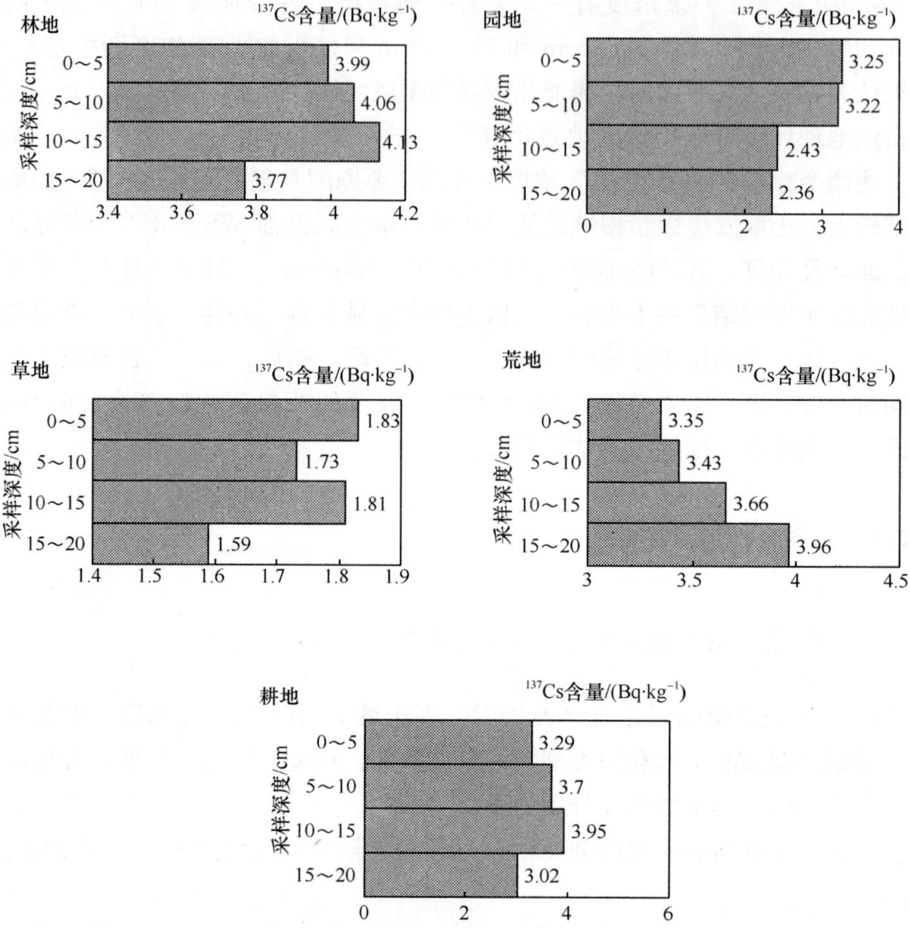

林地　^{137}Cs含量/(Bq·kg^{-1})

采样深度/cm	^{137}Cs含量/(Bq·kg^{-1})
0～5	3.99
5～10	4.06
10～15	4.13
15～20	3.77

园地　^{137}Cs含量/(Bq·kg^{-1})

采样深度/cm	^{137}Cs含量/(Bq·kg^{-1})
0～5	3.25
5～10	3.22
10～15	2.43
15～20	2.36

草地　^{137}Cs含量/(Bq·kg^{-1})

采样深度/cm	^{137}Cs含量/(Bq·kg^{-1})
0～5	1.83
5～10	1.73
10～15	1.81
15～20	1.59

荒地　^{137}Cs含量/(Bq·kg^{-1})

采样深度/cm	^{137}Cs含量/(Bq·kg^{-1})
0～5	3.35
5～10	3.43
10～15	3.66
15～20	3.96

耕地　^{137}Cs含量/(Bq·kg^{-1})

采样深度/cm	^{137}Cs含量/(Bq·kg^{-1})
0～5	3.29
5～10	3.7
10～15	3.95
15～20	3.02

图 4.5　研究区不同利用类型土壤剖面^{137}Cs质量活度分布

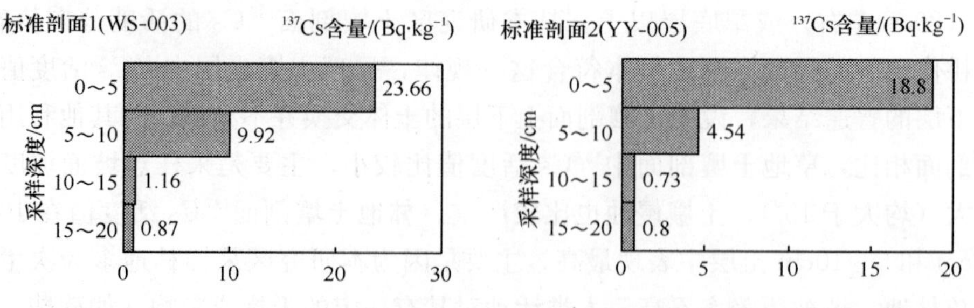

图 4.6　研究区标准剖面^{137}Cs质量活度分布

致。据调查，有些坡地原已被人们开发利用，由于效益较差，现已弃耕成为荒地。

对于耕作土壤而言，长期耕作活动在耕作层内的均一化作用，使^{137}Cs 在耕作层中大致呈现较均匀的分布特征。最大分布深度出现在 10～15cm，这是因为在坡耕地上，表层水土流失严重，而下层又受^{137}Cs 下渗和扰动的限制，所以在耕作土剖面中 0～5cm 和 15～20cm 的土层内^{137}Cs 质量活度并不高。

2. ^{137}Cs 强度值的计算和分析

^{137}Cs 质量活度仅表示单位质量土壤中^{137}Cs 的含量，而表示样点所在区域的单位面积的^{137}Cs 的含量，即^{137}Cs 的强度，可反映出研究区内不同地点的^{137}Cs含量差异。从理论上看，^{137}Cs 随大气环流并随降水分布于地表，因此，在一定的区域内，如果不发生土壤的物理运动（如侵蚀、搬运、堆积等），^{137}Cs 分布值大致相等。据此前提，可根据不同地点^{137}Cs 的强度差异，揭示土壤侵蚀的强度以及空间分布。

1)^{137}Cs 强度值的计算方法

由于本研究区首先测定其^{137}Cs 的质量活度（Bq · kg^{-1}）（表 2.7），可根据下述公式（濮励杰等，1999）计算出相应采样点的^{137}Cs 强度值

$$\mathrm{Cs} = \sum_{i=1}^{n} C_i \cdot \mathrm{BD}_i \cdot \mathrm{DI}_i \tag{4.24}$$

式中，Cs 表示样点单位面积^{137}Cs 的强度（Bq · m^{-2}）；i 为采样层数序号；n 为强度所需计算范围内采样层数；C_i 为相应采样层数序号 i 的^{137}Cs 质量活度（Bq · kg^{-1}）；BD_i 为相应采样层数序号 i 的土壤堆密度（g · cm^{-3}）；DI_i 为相应采样层数序号 i 的土壤深度（mm）。

根据上述公式和表 2.7 中^{137}Cs 质量活度值，计算出 46 个样点所在区域的^{137}Cs 强度值如表 4.1 所示，标准剖面样点 WS-003 和 YY-005 的^{137}Cs 强度值见表 4.2。经过分类后的样点^{137}Cs 强度的平均值如表 4.3 所示。

表 4.1　不同土地利用方式各土壤剖面^{137}Cs 强度及侵蚀速率

剖面编号	土地利用类型	坡度/(°)	地貌部位	^{137}Cs 强度/(Bq · m^{-2})	年均侵蚀厚度/(mm · a^{-1})	年均侵蚀模数/(t · km^{-2} · a^{-1})
BD-002-1	林地	30	坡中部	877.59	0.58	731.31
BD-002-2	林地	25	坡中下部	1691.00		
BD-003	园地	25	坡中部	1184.19	0.44	550.77

续表

剖面编号	土地利用类型	坡度/(°)	地貌部位	^{137}Cs 强度/(Bq·m^{-2})	年均侵蚀厚度/(mm·a^{-1})	年均侵蚀模数/(t·km^{-2}·a^{-1})
BD-005	耕地	18	坡下部	389.87	1.98	2191.31
BD-006	林地	25	坡中部	1024.09	0.57	633.68
BD-008-1	林地	20	坡下部	1383.28	0.31	353.43
BD-008-2	林地	22	坡中下部	1078.44	0.51	581.46
BD-010	荒地	27	坡上部	1424.67		
BD-011	林地	32	坡中部	846.20	0.57	746.04
BD-013	耕地	20	坡下部	1295.25	1.45	1848.97
BD-014	林地	37	坡中部	1735.13		
ZG-002	园地	20	坡中部	560.13	0.93	1113.06
ZG-003	园地	17	坡中下部	288.47	1.31	1577.44
WS-006-2	园地	25	坡中部	1581.89		
WS-006-3	园地	25	坡下部	371.09	1.01	1311.29
WS-007	林地	16	坡中部	1389.18	0.25	338.99
FJ-002	灌丛	24	坡中下部	476.13	1.20	1337.81
FJ-003	园地	50	坡下部	710.78	0.97	1019.94
FJ-004	园地	11	坡麓	39.59		
FJ-005	林灌	36	坡下部	754.24	0.78	899.80
FJ-006	园地	10	坡中部	325.69	1.48	1667.52
FJ-007	林地	49	坡下部	189.63		
FJ-008	灌丛	28	坡下部	143.16		
YY-001-1	草地	19	坡下部	87.42		
YY-001-2	竹园	19	坡下部	276.43		
YY-001-3	幼林地	35	坡下部	432.26	1.04	1280.23
YY-002	草地	19	坡下部	561.85	1.06	1188.40
YY-003-1	草地	23	坡上部	378.16	1.14	1388.34
YY-003-2	草地	15	坡下部	622.59	0.84	1021.08
YY-004	灌丛	2	坡顶部	1238.55	0.36	445.75
WZ-001-2	荒地	10	坡上部	159.71	1.33	1709.83
WZ-001-5	耕地	6	坡下部	1515.17		
WZ-002-1	耕地	4	坡上部	982.32	2.06	2199.83
WZ-002-2	耕地	2	坡中部	616.58	2.78	3074.17
WZ-002-3	耕地	5	坡中部	583.16	2.85	3104.16
WZ-007-1	林地	15	坡中部	1399.73	0.28	339.46

续表

剖面编号	土地利用类型	坡度/(°)	地貌部位	^{137}Cs 强度/(Bq·m^{-2})	年均侵蚀厚度/(mm·a^{-1})	年均侵蚀模数/(t·km^{-2}·a^{-1})
ZX-001-2	荒地	5	坡中部	997.76	0.52	633.11
ZX-005-1	耕地	15	坡上部	607.22	2.80	3380.46
ZX-005-2	竹林	48	坡中部	559.12	0.88	1089.01
ZX-007-1	耕地	15	坡中部	331.70	3.35	4149.22
FD-008	耕地	28	坡上部	627.80	2.76	3226.56
FD-010	耕地	10	坡下部	731.84	2.56	2820.79
SZ-002	耕地	15	坡下部	461.36	3.09	3609.77
FL-001	耕地	27	坡下部	1105.01	1.82	2158.81
FL-002	林地	12	坡下部	774.21	0.62	814.60
CS-001	耕地(梯田)	0	坡下部	96.81		
合计				34906.45	46.49	54536.40
平均				758.84	1.33	1558.18

表 4.2　标准剖面中^{137}Cs强度值

剖面编号	土地利用类型	坡度/(°)	地貌部位	^{137}Cs 强度/(Bq·m^{-2})
WS-003	草灌地	2	坡顶部	2026.21
YY-005	草地	7	坡上部	1507.12

表 4.3　各土地利用类型土壤样点^{137}Cs强度平均值

土地利用类型	样点总数	^{137}Cs 强度总平均值/(Bq·m^{-2})	正常样点数①	^{137}Cs 强度平均值/(Bq·m^{-2})
林地	18	903.80	13	940.00
园地	8	632.73	6	573.39
草地	4	412.51	3	520.87
荒地	3	860.71	2	578.74
耕地	13	718.78	11	702.92
平均值	46	705.71	35	663.18
标准剖面	2	1766.67	1	2026.21

① 剔除的异常样点系根据采样点自然地理环境特征相似和土地利用方式相同,而^{137}Cs比活度较多数样点过大或过小的样点被剔除。

2)^{137}Cs强度结果分析

(1) 不同土地利用方式^{137}Cs强度结果分析。

①耕地样点^{137}Cs强度。

由表4.1可知，大部分耕地样点^{137}Cs强度值分布在330～990Bq·m^{-2}，和^{137}Cs强度背景值相比低51%～84%，初步说明，大部分耕地土壤遭受比较严重的侵蚀。耕地样点中，样点WZ-001-5、BD-013和FL-001的^{137}Cs强度值最高，从这3个样点采集的地貌部位来看，都位于坡地下部，虽仍有侵蚀，但相对较轻，因此，^{137}Cs强度值显著高于耕地其他样点。13个耕地样点^{137}Cs强度平均值为718.78Bq·m^{-2}（表4.3），约为背景强度值的35%，即平均有65%的土壤表层被侵蚀。

②林地样点^{137}Cs强度。

林地样点^{137}Cs强度值总体上较高，但分布差异较大。18个样点的^{137}Cs强度平均值为903.8Bq·m^{-2}，约为背景值的45%，即约有平均近55%的林地土壤被侵蚀。林地样点中，以样点FJ-007和FJ-008的^{137}Cs强度值最低，仅为189.63Bq·m^{-2}和143.16Bq·m^{-2}。从样点采集部位看，两个样点虽都位于坡地下部，但坡地较陡，分别为49°和28°，平均约有90%以上的表土被侵蚀。样点BD-002-2和BD-014的^{137}Cs强度值较高，主要是二者的林木长势较好，植被覆盖度较高，水土流失较轻，但仍有平均近15%的表土被侵蚀。

③园地样点^{137}Cs强度。

园地样点的^{137}Cs强度值分布差异也较大，多者为1581.89Bq·m^{-2}（WS-006-2)，低者仅为39.59Bq·m^{-2}（FJ-004)，二者相差近40倍，主要原因是后者位于坡麓，受人为影响较大，表土易被流水冲蚀。8个样点的^{137}Cs强度平均值为632.73Bq·m^{-2}，约为背景值的31.2%，即有平均近70%的园地土壤被侵蚀。

④草地样点^{137}Cs强度。

草地样点^{137}Cs强度值总体偏小，4个样点的平均值仅为412.51Bq·m^{-2}，约为背景强度值的20%，亦即约有80%的表土遭到侵蚀。从采样区域分布看，草地样点布设不够均匀，皆集中在云阳县，而云阳是三峡库区水土流失比较严重的县（区）之一（唐治诚等，2002)。另外，所采草地样品多为原已被人类活动干扰（耕垦、移民搬迁等）后留下的废弃荒草地，长势一般较稀疏。从该县其他土地利用类型样点看，除样点YY-004（灌丛地）的^{137}Cs强度值较高外，其他样点^{137}Cs强度值也均不高。

⑤荒地样点^{137}Cs强度。

荒地样点较少，强度值差异较大。原因是样点 BD-010 所在坡地较陡，长期荒芜，人为干扰小，水土流失较轻；而样点 WZ-001-2 处于坡地上部，虽然坡度不大，但原已被人们开垦，现已弃耕，致使许多表土被侵蚀，因此，其^{137}Cs强度值仅为 159.71Bq · m^{-2}。3 个样点^{137}Cs强度平均值为 860.71Bq · m^{-2}，相当于背景强度值的 42%，即约有 58%的表土遭到侵蚀。

⑥综合分析。

根据以上分析，可以认为异常样点的^{137}Cs强度表征了微地貌形态局部区域的土壤侵蚀状况，但不能整体反映区域土地利用类型与土壤侵蚀的相关关系，因此，表 4.3 分别为总样点^{137}Cs强度值与剔除异常样点后^{137}Cs强度值的情况。从野外实际情况考察，剔除异常样点后的土壤侵蚀结果更符合实际情况。

在各种土地利用类型中，即使平均最高的林地的^{137}Cs强度值也不及研究区背景强度值的 50%，这表明三峡库区各种土地利用方式的土壤侵蚀均较严重，因此，搞好库区的水土保持及生态环境建设，任务艰巨，刻不容缓。

（2）不同地形坡度段^{137}Cs强度结果分析。

根据表 4.1 剔除异常样点后，按不同坡度段对各样点进行^{137}Cs强度值统计得表 4.4。

表 4.4　不同坡度段^{137}Cs强度平均值

坡度段/(°)	样点数	^{137}Cs强度平均值/(Bq · m^{-2})
0～5	5	883.67
5～15	9	601.56
15～25	13	798.46
25～35	5	777.77
＞35	3	674.71
总平均	35	758.84

总体而言，不同坡度段内的^{137}Cs强度平均值大体随坡度的增大而减小。但在 5°～15°坡度段内，其样点^{137}Cs强度平均值最小，反映了该坡度段土壤侵蚀强度最大，其原因主要是该坡度段大多位于坡地的中下部，是人类活动的主要地段，加之又有一定的地形坡度，致使土壤侵蚀严重。

(3) 不同库段^{137}Cs强度的空间差异。

为了能够反映三峡库区^{137}Cs强度的空间分布，根据其地形地貌特征，把库区分为上下两段：重庆—万州段和云阳—宜昌段。上段地势起伏和缓，坡地坡度较小，土地开发利用强度大；下段地形复杂，山高坡陡，相对高差大，土地开发利用强度相对较小。根据表4.1对上下段各样点（剔除异常样点后）^{137}Cs强度进行统计，求得平均值如表4.5所示。

表4.5 三峡库区不同库段的^{137}Cs强度平均值

库区段	样点个数	^{137}Cs强度平均值/(Bq · m^{-2})
上段(重庆—万州)	14	709.82
下段(云阳—宜昌)	21	770.86

就平均状况而言，上下段^{137}Cs强度值差异不大，分别为709.82Bq · m^{-2}和770.86Bq · m^{-2}，约为背景值^{137}Cs强度的35%和38%，亦即平均有65%和62%的表土被侵蚀。形成上段侵蚀稍大于下段的主要原因是前者土地开发利用强度大于后者。

3. 土壤侵蚀强度及其空间分布

1）土壤侵蚀强度的计算

以样点WS-003作为该研究区的标准剖面，根据其各采样层^{137}Cs质量活度，对^{137}Cs剖面分布进行统计回归分析，得出^{137}Cs剖面分布函数$f(z)=43.725e^{-0.024z}$（$R^2=0.927$，在0.05水平下显著）。根据各耕地^{137}Cs活度剖面分布特征，确定相应的犁底层厚度（H_c）为20cm；土壤堆密度为各样点实测值（g · cm^{-3}）。用本研究区提出和选用的土壤侵蚀模型，由式（4.18）～式（4.23）可求出非耕作土与耕作土的土壤年均侵蚀厚度和年均侵蚀模数（侵蚀速率）（表4.1）。

2）土壤侵蚀强度的结果分析

(1) 不同土地利用方式土壤侵蚀强度。

根据不同土地利用类型土壤侵蚀强度的计算（表4.6）可以看出，平均而言，三峡库区年均土壤侵蚀厚度、土壤侵蚀速率分别为1.33mm · a^{-1}、1558.18t · km^{-2} · a^{-1}。从各土地利用类型看，耕地的侵蚀强度最大，年均侵蚀厚度约2.50mm · a^{-1}，年均侵蚀模数达2887.64t · km^{-2} · a^{-1}，约为整个库区平均值的1.9倍，最大土壤侵蚀厚度和侵蚀模数分别为3.35mm·a^{-1}和4149.22t·km^{-2}·a^{-1}（ZX-007-1）；其次为园地，年均侵蚀模数1206.67t·km^{-2}·a^{-1}；最小为林地，其年均土壤侵蚀厚度和侵蚀模数分别为0.61mm·a^{-1}和737.81t·km^{-2}·a^{-1}，约相当于库区平均侵蚀量的1/2和耕地侵蚀量的1/4。

按照水利部水土保持监测中心和中国科学院遥感所拟定的土壤侵蚀强度分级标准（中华人民共和国水利部，1997）（表4.7），不同土地利用类型侵蚀强度分级如表4.6。

表4.6　不同土地利用类型土壤侵蚀厚度和侵蚀速率

土地利用类型	样点数	年均侵蚀厚度/(mm·a^{-1})	年均侵蚀模数/(t·km^{-2}·a^{-1})	土壤侵蚀强度等级
林 地	13	0.61	737.81	微度
园 地	6	1.02	1206.67	轻度
草 地	3	1.01	1199.27	轻度
荒 地	2	0.92	1171.47	轻度
耕 地	11	2.50	2887.64	中度
总平均	35	1.33	1558.18	轻度

表4.7　土壤侵蚀强度分级标准

分级	年均侵蚀厚度/(mm·a^{-1})	年均侵蚀模数/(t·km^{-2}·a^{-1})
微度侵蚀	小于0.15	小于200
	0.37	500
	0.74	1000
轻度侵蚀	0.15	200
	0.37	500
	0.74～1.9	1000～2500
中度侵蚀	1.9～3.7	2500～5000
强度侵蚀	3.7～5.9	5000～8000
极强度侵蚀	5.9～11.1	8000～15000
剧烈侵蚀	＞11.1	＞15000

（2）不同坡度段土壤侵蚀强度。

从表4.1中可以看出，即使是相同坡度（段）的不同采样点，由于土地利用方式和采样地貌部位的差异，其样点土壤侵蚀强度值存在较大差异。

由表4.8可知，不同坡度段内土壤侵蚀强度皆为轻度，从等级来看侵蚀强度不大，主要是不同坡度段土壤侵蚀除受坡度影响外，还受土地利用方式等因素的影响。但从土壤年均侵蚀强度来看，不同坡度段还是存在明显差异的：最大侵蚀坡度段为 5°～15°，已近中度侵蚀；其次是 0°～5°。这些坡度段多是人类活动的集中地段，尤其是耕地较多，因此侵蚀量较大。最小侵蚀量坡度段却是坡度大于 35°的陡坡，主要原因是该坡度段多为林地，故侵蚀量最小，稍大于微度侵蚀量。

表 4.8　不同坡度段土壤侵蚀强度平均值

坡度段 /(°)	样点数	年均侵蚀厚度 /(mm · a^{-1})	年均侵蚀模数 /(t · km^{-2} · a^{-1})	土壤侵蚀强度等级
0～5	5	1.71	1891.40	轻度
5～15	9	1.82	2168.08	轻度
15～25	13	0.94	1108.84	轻度
25～35	5	1.35	1628.59	轻度
＞35	3	0.88	1002.92	轻度
总平均	35	1.33	1558.18	轻度

（3）不同库段土壤侵蚀的空间差异。

由表 4.9 可知，三峡库区上下段土壤侵蚀强度有较大的差异，上段为下段的 2.2 倍。云阳—宜昌段土壤年均侵蚀强度仅为库区平均数的 67％，属轻度侵蚀；重庆—万州段土壤侵蚀强度约为库区平均侵蚀强度的 1.5 倍，已近中度侵蚀。形成上下段较大差异的原因，除前面提到的上段土地开发利用强度大于下段外，还与采样类型有关，即耕地样点多集中在上段的万州、丰都等。

表 4.9　三峡库区不同岸段土壤侵蚀强度

库区段	样点数	年均侵蚀厚度 /(mm · a^{-1})	年均侵蚀模数 /(t · km^{-2} · a^{-1})	土壤侵蚀强度等级
重庆—万州	14	1.98	2307.84	轻度
云阳—宜昌	21	0.89	1058.41	轻度

3）本研究土壤侵蚀速率估算值可靠性验证

为了验证本研究土壤侵蚀强度估算值的可靠性，根据式（4.3）、式（4.4）和式（4.16）土壤侵蚀模型进行耕地和非耕地土壤侵蚀速率的估算，结果见

表 4.10。

表 4.10　几种土壤侵蚀模型估算结果的比较

剖面编号（非耕地）	年均侵蚀模数①/$(t·km^{-2}·a^{-1})$	剖面编号（耕地）	年均侵蚀模数②/$(t·km^{-2}·a^{-1})$	年均侵蚀模数③/$(t·km^{-2}·a^{-1})$
BD-002-1	4547.35	BD-005	2191.31	2258.04
BD-003	1704.93	BD-013	1848.97	1648.86
BD-006	2654.23	WZ-002-1	2199.83	2351.88
BD-008-1	936.45	WZ-002-2	3074.17	3173.53
BD-008-2	2318.34	WZ-002-3	3104.16	3248.62
BD-011	5198.84	ZX-005-1	3380.46	3194.56
ZG-002	11683.00	ZX-007-1	4149.22	3813.54
ZG-003	37452.70	FD-008	3226.56	3148.33
WS-006-3	19896.78	FD-010	2820.79	2914.60
WS-007	812.16	SZ-002	3609.77	3522.25
FJ-002	11097.00	FL-001	2158.81	2076.24
FJ-003	6248.19			
FJ-005	4472.23			
FJ-006	21519.90			
YY-001-3	19334.57			
YY-002	10791.87			
YY-003-1	24121.13			
YY-003-2	9562.21			
YY-004	1575.23			
WZ-001-2	97413.60			
WZ-007-1	930.13			
ZX-001-2	2350.77			
ZX-005-2	9049.22			
FL-002	6407.04			
合计	312077.88		31764.06	31350.44
平均	13003.25		2887.64	2850.04

①为用式(4.16)估算的非耕地土壤侵蚀速率；②和③分别为用式(4.3)、式(4.4)估算的耕地土壤侵蚀速率。

由表 4.1 和表 4.10 可知，对于耕地，用式（4.3）估算同上述估算结果相同；用式（4.4）估算与上述估算结果差异不大，总体略小。对于非耕地来说，用式（4.16）估算样点的土壤侵蚀速率与前述结果差异较大，且远大于耕地侵蚀速率，根据野外调查，这一估算结果较实际情况偏大。

总之，通过和上述几种模型计算结果的比较，结合野外实际情况的考察和已有的研究成果（金平华等，2004；张燕等，2002b；濮励杰等，1998），可以认为，本研究建立的土壤侵蚀估算模型估算的结果还是比较符合实际情况的。严重的土壤侵蚀将导致土壤的各种性质和特征的恶化，最终引起土地退化（第 5 章讨论）。

参考文献

卜兆宏．1989．水土流失调查的遥感数据处理．南京：东南大学出版社．

陈楚群．1991．土壤侵蚀量多因子灰色模型的建立与应用．水土保持学报，5（1）：27-32．

陈利华，余新晓．1987．影响土壤侵蚀因子分析——灰色系统理论在土壤侵蚀研究中的应用．水土保持科技情报，(2)：14-16，61．

冯明义，文安邦．2002．中国土壤侵蚀的^{137}Cs 法研究进展．水土保持学报，16（2）：61-64．

国家环境保护局．1999．中国生态问题报告．北京：中国环境科学出版社．

何太蓉．2004．三峡库区现代地貌过程研究——以草堂河流域现代坡地过程研究为例．南京：南京大学博士学位论文：78-80．

金平华，濮励杰，王金磊，等．2004．^{137}Cs 法应用于典型流域土壤侵蚀的初步研究——以太湖流域上游西苕溪为例．自然资源学报，19（1）：47-54．

马蔼乃，张延龙，刘庆生．1990．柳河地区土壤侵蚀量定量分析．中国水土保持，(3)：39，40．

倪焱．1986．灰色系统理论在水土流失因素分析中的应用．水土保持通报，6（2）：80-83．

濮励杰，包浩生，Higgitt D L．1999．土地退化方法应用初步研究．自然资源学报，14（1）：55-61．

濮励杰，包浩生，彭补拙，等．1998．^{137}Cs 应用于我国西部风蚀地区土地退化的初步研究——以新疆库尔勒地区为例．土壤学报，35（4）：441-449．

孙立达，孙保平．1988．西吉县黄土丘陵沟壑区小流域土壤流失量预报方程．自然资源学报，3（2）：141-153．

唐翔宇，杨浩，曹慧，等．2001．^{137}Cs 估算南方红壤地区土壤侵蚀作用的初步研究．水土保持学报，15（3）：4-7，11．

唐治诚，钟冰．2002．云阳县旱地土壤退化及防治．水土保持研究，9（4）：133-135．

文安邦，张信宝，王玉宽，等．2000．长江上游云贵高原区泥沙来源的^{137}Cs 法研究．水土保持学报，14（2）：25-27，103．

吴永红，寇权．1997．陇东黄土高原沟壑区土壤侵蚀的 137Cs 法研究．水土保持通报，17（5）：7-10．

严平，董光荣，张信宝，等．2000．^{137}Cs 法测定青藏高原土壤风蚀的初步结果．科学通报，45（2）：

199-204.

杨浩，杜明远，赵其国，等. 2000. 利用^{137}Cs示踪农业耕作土壤侵蚀速率的定量模型. 土壤学报，37（3）：296-305.

杨浩，杜明远，赵其国，等. 1999. 基于^{137}Cs地表富集作用的土壤侵蚀速率的定量模型. 土壤侵蚀与水土保持学报，5（3）：42-48.

杨明义，田均良，刘普灵，等. 2001. ^{137}Cs示踪研究小流域土壤侵蚀与沉积空间分布特征. 自然科学进展，11（1）：71-75.

张燕，彭补拙，陈捷，等. 2005. 借助^{137}Cs估算滇池沉积量. 地理学报，60（1）：71，78.

张燕，彭补拙，高翔，等. 2002a. 人类干扰对土壤侵蚀及土壤质量的影响——以苏南宜兴低山丘陵区为例. 地理科学，22（3）：336-341.

张燕，张洪，杨浩，等. 2002b. 用^{137}Cs法探讨苏南坡地的土壤侵蚀. 水土保持学报，16（2）：53-56.

张燕. 2002. 用^{137}Cs法测算土壤侵蚀量及土壤侵蚀对生态环境影响的方法研究. 南京：南京大学博士学位论文：12-21.

中华人民共和国水利部. 1997. 土壤侵蚀分类分级标准. 北京：中国水利水电出版社.

朱根湖，何松苗. 1991. 长江上游人类活动增沙量推算的研究. 水土保持学报，5（2）：32-37.

朱建林. 1988. 预测到2000年全国水土流失面积将达200多万km^2. 水土保持学报，2（4）：17-20.

Andrello A C，Appoloni C R，Parreira P S，et al. 2001. A preliminary survey of soil erosion in a small basin in the Parana State by using ^{137}Cs methodology. Radiation Physics and Chemistry，(61)：635-636.

Campbell B L，Elliotl G L，Loughran R J. 1985. Nuclear fallout as an aid to measuring soil erosion. Soil Conserv，(41)：86-89.

Campbell B L，Loughran R J，Elliotl G L. 1988. A Method for Determining Sediment Budgets Using Caesium-137. Washington DC：IAHS Publication，(174)：171-179.

Chappell A，Warren A，Oliver M A，et al. 1998. The utility of ^{137}Cs for measuring soil redistribution rates in southwest Niger. Geoderma，(81)：313-337.

Dahlman R C，Auerbach S L. 1968. Preliminary estimations of erosion and radiocesium redistribution in the fescue meadow. USAEC Rep. ORNL-TM-2343. Oak Ridge Natl. Lab.，Oak Ridge TN.

Davis J J. 1963. Cesium and its relationship to Potassium in ecology//Schultz V，Klement Jr A W. Radioecology. New York：Reinghold：539-556.

Emil F. 2003. Assessment of soil erosion on arable land using^{137}Cs measurement：A case study from Jaslovske Bohunice，Slovakia. Soil & Tillage Research，(69)：139-152.

Hien P D，Hiep H T，Quang N H，et al. 2002. Derivation of ^{137}Cs deposition density from measurement of ^{137}Cs inventories in undisturbed soils. Journal of Environment Radioactivity，(62)：295-303.

Jorge L S. 1986. Stronium-90 fallout prediction. Journal of Geophysical Research，91（C6）：7631-7646.

Kachanoski R G，de Jong E. 1984. Predicting the temporal relationship between soil caesium-137 and erosion rate. Journal of Environmental Quality，(13)：301-304.

Lu X X，Higgitt D L. 2000. Estimating erosion rates on sloping agricultural land in the Yangtze Three Gorges，China，from cesium-137 measurements. Catena，(39)：33-51.

Mchenry J R, Jerry C, Ritchie J C. 1980. Dating recent sediments in impoundments. Proceedings of the Symposium. On Surface Water Impoundments, Minneapolis, MN. 2-5 June, Am. Soc. Civil Eng. , New York, 1279-1289.

Menzel R G. 1960. Transport of strontium-90 in runoff. Science, 131 (19): 499, 500.

Owens P N, Walling D E, He Q, et al. 1997. The use of cesium-137 measurement to establish a sediment budget for the start catchment. Hydrological Sciences, (42): 405-423.

Quine T A, Walling D E, Chakela Q K, et al. 1999. Rates and patterns of tillage and water erosion on terraces and contour strips: Evidence from cesium-137 measurements. Catena, (36): 115-142.

Ritchie J C, James A S, Mchenry J R. 1974. Estimating soil erosion from the redistribution of fallout ^{137}Cs. Soil Science Society of America Journal, 38 (1): 137-139.

Ritchie J C, Mchenry J R. 1985. A comparison of three methods for measuring recent rates of sediment accumulation. Water Resources Bulletin, 21 (1): 99-103.

Rogowski A S, Tamura T. 1965. Movement of Caesium-137 by runoff, erosion and infiltration on the alluvial Captina silt loam. Health Physics, (11): 1333-1340.

Spomer, R G, Mchenry J R, Piest R F. 1985. Sediment movement and deposition using cesium-137 tracer. Transactions of the ASAE, 28: 767-772.

Theocharopoulos S P, Florou H, Walling D E, et al. 2003. Soil erosion and deposition rates in a cultivated catchment area in central Greece, estimated using ^{137}Cs technique. Soil & Tillage Research, (69): 153-162.

Walling D E, Quine T A. 1999. Calibration of caesium-137 measurements to provide quantitative erosion rate. Land Degradation and Rehabilitation, (2): 161-172.

World Commission on Environment and Development (WCED). 1987. Our Common Future. Oxford: Oxford University Press.

Yang H, Qing C, Du M Y, et al. 1998. Quantitative model of soil erosion rates using ^{137}Cs for uncultivated soil. Soil Science, 163 (3): 248-257.

Zhang X B, Higgitt D L, Walling D E. 1990. A preliminary assessment of the potential for using caesium-137 to estimate rates of soil erosion in the Loss Plateau of China. Hydrological Sciences Journal, 35 (3): 243-252.

Zhang X B, Zhang Y Y, Wen A B, et al. 2003. Assessment of soil losses on cultivated land by using ^{137}Cs technique in the upper Yangtze River Basin of China. Soil & Tillage Research, (69): 99-106.

第5章 三峡库区土地退化特征

5.1 土地退化研究方法

土地退化是一个长期变化的过程。因此，研究土地退化必须首先了解某处土地在自然环境变化或人为活动影响前土地的特征和状态，并对比目前土地的特征和状态，才能确定土地是否发生退化及其退化程度（何毓蓉，2003）。然而，由于人类自身历史和认识的局限，这种广泛分布的长期、定点定位的动态观测不可能做到。世界上最早的定位观测站洛桑试验站（rothamsted experimental station）的建站历史也仅有150余年，而全世界用于土地（土壤）研究有关的生态或环境观测站数量也是有限的，因而纵向定位土地历史的比较方法难以实现。目前国内外评估土地退化尚无统一的方法，主要有：①潜在退化评估法。认为在自然状态下有植被保护而无人为活动干扰的条件下，只存在退化的可能性。只有在人为干扰或天然植被遭到破坏时才发生土地退化。这种方法常用于估计在某种土地利用方式下土地退化的危险性以及如何采取措施，才能使这种土地利用方式长期持续，或根据现有资料，预测自然植被被破坏后可能出现的后果和确定防治措施。实际上这是一种土地退化的预测方法（Villamil et al.，2001；史德明等，2000）。②侵蚀量评估法。主要用于评价以侵蚀为主的退化土地。虽然土壤流失一般意味着土地在退化，但若仅以土壤流失量作为土地退化的依据，有时并不能反映土地退化的全貌和其发生的严重性及阶段性。例如，在土层浅薄、土层下部存在障碍层、易于侵蚀沙化或石质化的土地上，尽管侵蚀量相对较小，但后果却是严重的，此时用侵蚀量评估法就不能反映土地退化的真实情况。另外，有时土壤侵蚀量小，但土地过度利用导致土地生产力下降，侵蚀量评估法也不能评价土地的退化程度（史德明等，2000）。③空间景观和土地特性系列比较法（何毓蓉等，1999）。选择与研究区域有相同或相近景观的、未受人类活动影响的同一类型土壤，即未退化的景观和土壤特性作为对照，以对照区的土壤特性为基础，分析研究区景观土壤特性的变化状况，由此研究区分土地是否退化，并通过建立退化指标评价系统，以土地退化的阶段性指标作为鉴别依据，确定土地退化的类型和程度。实践证明，这种方法是可行的，便于与国际接轨（史德明等，2000）。本书以三峡库区丰都县沿江坡地为例，采用土地特性系列比较法进行紫色土坡地土地退化研究。

由于紫色土风化成土作用弱，对母岩岩性的继承性强；而紫色母岩因成岩时代和环境的差异，不同地质年代岩石间颗粒组成、化学性质差异较大；即使在同一地质年代，不同层段也有差异，如侏罗系遂宁组中由泥岩和砂岩分别发育的紫色土，在性质，特别是颗粒组成、堆密度、持水特性等物理性质方面明显不同（中国科学院成都分院土壤研究室，1991）。因此在紫色土退化研究中，选取的退化与未退化土壤均是起源于相同母岩类型。另外，进行退化研究的对比土壤在地理位置、气候、植被及利用、地形部位、排水条件等土壤发育环境方面相同或相近，以排除因发育条件不同而导致的土壤特性上的差异，从而凸显在土壤形成后因人为和自然环境变化引起的土地退化过程。按照上述要求，本研究选取的未退化样点（FD-3-4）位于一坡地下段的林地中，植被覆盖较好，基本没有土壤侵蚀，人为干扰极小，可作为退化土地的参照样地。

5.2 土地退化特征分析

如前所述，三峡库区紫色土坡地土壤侵蚀严重，土地退化普遍存在。紫色土坡地退化表现为土壤侵蚀及由此导致的土壤各种性质的恶化，具体有：①物理性退化。其表现为土壤干旱、土壤粗骨化或沙化等。②构造性退化。其表现为土壤瘠薄化、土层缺失、障碍层高位化等。③化学性退化。其表现为土壤酸化、土壤污染毒化等。④营养性退化。其表现为有机质贫化、氮素贫化、磷素贫化、钾素贫化、微量元素贫化、CEC 弱化等。由于土壤质地是土壤物理性退化的重要指标，土壤养分（肥力）（包括有机质、氮素、磷素、钾素等）是土壤质量高低的重要标志，因此，在考虑时间和精力的情况下，本研究选择了一些易于识别、易于量化、能标志土地退化过程的指标来反映土壤侵蚀与土地退化之间的关系，如土壤质地、土壤养分、土壤微量元素含量等指标，以期通过对它们的对比分析，定量地揭示人类活动对土地退化的影响程度以及它们之间的相互关系。

5.2.1　土壤粗骨沙化

土壤质地表示土壤颗粒的粗细程度，由土壤粗砂、中砂、细砂、粉砂和黏粒的相对百分比决定。质地适中有利于土壤水分与养分的保持，植物顺利生长所需的许多物理与化学条件也容易得到满足；过于粗化则会使其蓄水保肥能力减弱，不利于植物生长；若过于黏重，虽增加了土粒的表面积，但却降低了土壤有效含水量及土壤通气性，也不利于植物生长。因此，土壤质地对于调节土壤养分供求转化和植物（作物）根系生长有密切关系，是衡量土地质量高低的一个重要指标（郑度等，1998）。土壤侵蚀的过程，就是土壤黏粒随径流迁移，土壤砂粒或砾石含量增高的过程，亦即土壤质地的退化过程。研究证明，土壤侵蚀流失的土壤粒径主要是 0.002～0.05mm（粉砂）和小于 0.002mm（黏粒）这两部分。而 0.05～0.25mm（细砂）、0.25～0.5 mm（中砂）和 0.5～2.0mm（粗砂）则相对富集（蔡崇法等，1996）。流失部分正是土壤壤质构成的主体，对降低土地质量有重要影响。对三峡库区丰都县沿江坡地典型坡面退化和未退化紫色土样品粒度的测定结果，按美国农业部粒级制（1951 年）分级标准（黄昌勇等，2000），剔除 8 个异常样点后，依不同土地利用类型和不同坡度段进行不同粒径含量的统计整理得表 5.1、表 5.2。

表 5.1　不同利用类型退化与未退化紫色土颗粒组成

土地利用类型	样点数	颗粒组成/%				
		<0.002mm	0.002～0.05mm	0.05～0.25mm	0.25～0.5mm	0.5～2.0mm
		黏粒	粉砂	细砂	中砂	粗砂
耕地	28	4.64	66.97	24.42	1.85	2.12
菜地	12	4.77	72.38	18.66	1.62	2.57
园地	3	9.27	75.34	11.18	1.07	3.14
林地	3	5.17	71.35	16.60	3.87	3.01
草地	2	0.91	74.96	21.34	1.18	1.61
荒地	7	3.11	59.45	31.78	3.89	1.77
建设用地	2	9.26	56.50	29.96	1.83	2.45
未退化样地	1	0.98	90.09	6.05	0.85	2.03

表 5.2 不同坡度段退化与未退化紫色土颗粒组成

坡度段	样点数	颗粒组成/%				
		<0.002mm	0.002～0.05mm	0.05～0.25mm	0.25～0.5mm	0.5～2.0mm
		黏粒	粉砂	细砂	中砂	粗砂
0°～10°	25	6.63	68.40	20.49	1.95	2.53
10°～20°	14	3.06	69.79	23.21	1.78	2.16
20°～30°	13	3.60	60.21	30.87	3.23	2.09
>30°	5	3.43	78.63	15.52	0.73	1.69
未退化样地	1	0.98	90.09	6.05	0.85	2.03

1. 不同利用类型土壤质地退化特征

表 5.1 和图 5.1 表明，不同利用类型紫色土坡地与未退化样地相比，前者沙化现象比较明显。从黏粒和粉砂之和在土壤颗粒中所占的含量（图 5.2）来看，荒地、建设用地所占比例最小，分别为 62.56%和 65.76%，相当于未退化样地的 68.69%和 72.21%；园地土壤中黏粒和粉砂含量最高，占土壤颗粒总含量的 84.61%，约为未退化样地的 92.91%；菜地、林地、草地的土壤黏粒和粉砂含量相差无几；耕地为 71.61%，比荒地和建设用地沙化轻。从细砂、中砂和粗砂的含量来看，荒地和建设用地的细砂比例最高，分别为 31.78%和 29.96%，约为未退化样地的 5 倍，其他土地利用类型的细砂比例也明显高于未退化样地。不同土地利用类型紫色土中中砂和粗砂含量差别不大。若以（细砂＋中砂＋粗砂）与（黏粒＋粉砂）之比（即土壤质地粗化度）来表征受侵蚀后土壤质地的变化，则本研究区耕地、菜地、园地、林地、草地、荒地和建设用地的粗化度分别为 0.40、0.30、0.18、0.31、0.32、0.60、0.52。若以粗化度不小于 0.80 为极显著粗化，0.50～0.80 为显著粗化，0.20～0.50 为中度粗化，小于 0.20 为轻度粗化，则荒地、建设用地为显著粗化，耕地、草地、林地、菜地为中度粗化，园地为轻度粗化。

由上可知，紫色土坡地不同利用类型土地沙化程度由高到低的顺序为：荒地>建设用地>耕地>草地>林地>菜地>园地。其原因主要有：荒地缺乏植被保护，且多处于坡地上段较陡部位；建设用地和耕地人为干扰较大，表土中细颗粒土壤多被侵蚀；林地、草地植被覆盖较好，但林地多为次生林和疏林地，坡度较大，草地多为荒草地，长势一般；菜地和园地多位于坡地中、下部位，耕作和管理较好，因此土壤粗化现象不甚明显。

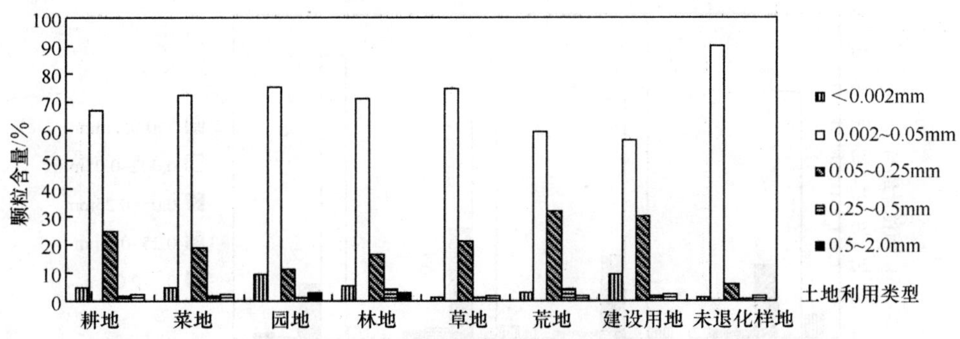

图 5.1　不同利用类型紫色土颗粒组成

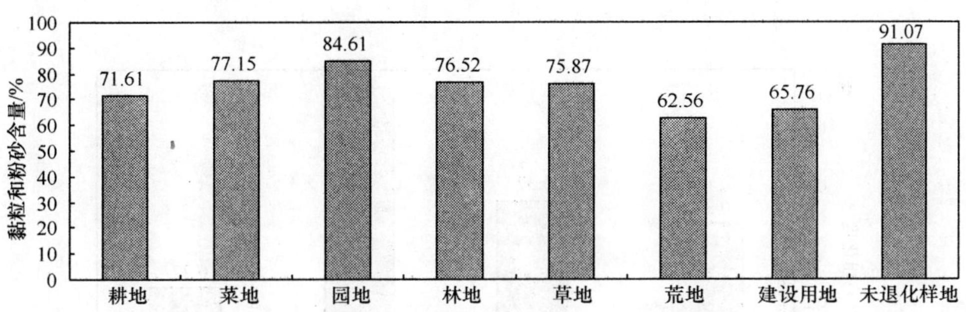

图 5.2　不同利用类型紫色土黏粒和粉砂含量

2. 不同坡度段土壤质地退化特征

由表 5.2 和图 5.3 可以看出，不同坡度段紫色土沙化现象有较大差异。总的来说，紫色土沙化程度随坡度的增加而增大，在 20°～30°坡度段达最大，表明此坡段也是土壤侵蚀的最大坡段，这和有关学者的研究（郑度等，1998；靳长兴，1995）基本吻合。这说明土壤侵蚀也存在一定的坡度界限（刘青泉等，2001）。大于 30°坡度段土壤沙化最轻，主要是由于林地多位于此段，地面有较好的植被保护，水土流失较轻。各坡度段的粗化度如图 5.4 所示。按照上述粗化标准，则 20°～30°坡度段土壤显著粗化，0°～10°、10°～20°和大于 30°坡度段均属中度粗化，但大于 30°坡度段紫色土相对粗化较轻。

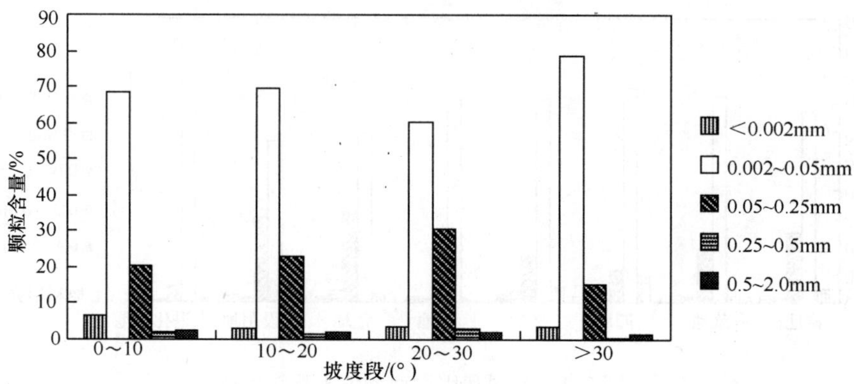

图 5.3　不同坡度段紫色土颗粒组成

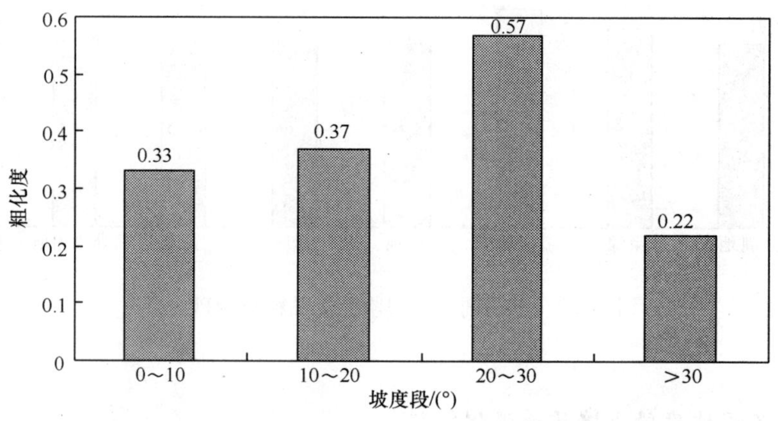

图 5.4　不同坡度段紫色土坡地粗化度

5.2.2　土壤养分流失

土壤养分是衡量土地生产潜力高低的重要指标。由于土壤侵蚀或过度利用，营养元素损失，这往往导致紫色土特别是表层土壤养分含量降低。土壤养分丧失是土地退化的重要表征。对不同利用类型和不同坡度段紫色土坡地土壤养分含量变化进行统计得表 5.3、表 5.4。

表 5.3 不同利用类型紫色土坡地土壤养分含量变化

土地利用类型	样本数	有机质				全N				碱解N			
		W	$\bar{x}$	S	C_v	W	$\bar{x}$	S	C_v	W	$\bar{x}$	S	C_v
		/%				/(g·kg^{-1})			/%	/(mg·kg^{-1})			/%
总样本	57	0.37～3.44	1.26	0.54	42.86	0.44～2.80	1.11	0.35	31.53	35.00～215.20	95.30	34.23	35.92
耕地	28	0.51～1.94	1.12	0.31	27.68	0.44～1.50	0.99	0.24	24.24	37.10～215.20	89.29	32.71	36.63
菜地	12	0.96～2.20	1.34	0.36	26.87	0.82～1.45	1.17	0.19	16.24	79.30～169.00	108.59	26.86	24.74
园地	3	1.57～2.02	1.75	0.24	13.71	1.16～1.61	1.44	0.25	17.36	91.00～172.00	127.90	40.98	32.04
林地	3	1.30～3.44	2.46	1.08	43.90	1.42～2.80	1.90	0.78	41.05	75.30～180.20	128.33	52.46	40.88
草地	2	1.24～1.38	1.31	0.10	7.63	1.29～1.33	1.31	0.03	2.29	82.30～102.60	92.45	14.35	15.52
荒地	7	0.48～2.43	1.16	0.68	58.62	0.63～1.39	1.03	0.31	30.10	35.00～110.00	82.21	27.17	33.05
建设用地	2	0.37～0.63	0.50	0.18	36.00	0.71～0.88	0.80	0.12	15.00	36.80～63.00	49.90	18.53	37.13
未退化样地	1		2.86				2.44				146.30		

土地利用类型	样本数	全P (P_2O_5)				速效P(P_2O_5)				全K(K_2O)			
		W	$\bar{x}$	S	C_v	W	$\bar{x}$	S	C_v	W	$\bar{x}$	S	C_v
		/(g·kg^{-1})			/%	/(mg·kg^{-1})			/%	/(g·kg^{-1})			/%
总样本	57	0.43～1.78	1.18	0.27	22.88	0.60～13.50	3.38	2.33	68.93	11.10～26.50	20.65	3.56	17.24
耕地	28	0.43～1.78	1.17	0.29	24.79	1.20～6.80	3.13	1.53	48.88	13.50～25.20	20.53	3.00	14.61
菜地	12	0.96～1.71	1.28	0.24	18.75	0.60～7.60	3.35	1.90	56.72	11.10～26.50	21.23	4.64	21.86
园地	3	1.19～1.47	1.30	0.15	11.54	1.40～13.50	6.10	6.49	106.39	21.80～26.40	24.53	2.42	9.87
林地	3	0.85～1.44	1.14	0.30	26.32	1.20～5.00	3.47	2.00	57.64	19.80～21.80	20.80	1.00	4.81
草地	2	1.28～1.35	1.32	0.05	3.79	2.10～2.90	2.50	0.57	22.80	18.00～19.00	18.50	0.71	3.84
荒地	7	0.78～1.61	1.07	0.29	27.10	0.90～11.50	3.81	3.61	94.75	11.10～24.40	18.80	4.64	24.68
建设用地	2	0.80～1.09	0.95	0.21	22.11	1.80～2.40	2.10	0.42	20.00	20.30～22.60	21.45	1.63	7.60
未退化样地	1		1.44				3.80				22.40		

续表

土地利用类型	样本数	速效 $K(K_2O)$				阳离子交换量(CEC)			
		W	$\bar{x}$	S	C_v	W	$\bar{x}$	S	C_v
		/$(mg\cdot kg^{-1})$			/%	/$(cmol\cdot kg^{-1})$			/%
总样本	57	57.0～144.0	104.45	19.02	18.21	9.12～24.00	16.43	3.57	21.73
耕地	28	64.0～127.0	104.31	17.85	17.11	9.12～22.62	15.96	3.68	23.06
菜地	12	57.0～132.0	107.22	20.54	19.16	9.87～21.12	17.20	3.22	18.72
园地	3	101.0～144.0	127.67	23.29	18.24	15.05～24.00	18.77	4.66	24.83
林地	3	98.0～108.0	102.8	5.01	4.87	15.80～17.38	16.77	0.85	5.07
草地	2	90.0～102.0	96.0	8.49	8.84	9.50～18.30	13.90	6.22	44.75
荒地	7	58.0～117.0	93.0	22.45	24.14	10.87～21.38	15.80	3.44	21.77
建设用地	2	104.0～108.0	106.0	2.83	2.67	15.95～22.37	19.16	4.54	23.70
未退化样地	1		107.0				15.62		

注：W：范围值；$\bar{x}$：平均值；S：标准差；C_v：变异系数；总样本是指剔除异常样点后的样本个数，下同。

表 5.4　不同坡度段紫色土坡地土壤养分含量变化

坡度段	样本数	有机质				全 N				碱解 N			
		W	$\bar{x}$	S	C_v	W	$\bar{x}$	S	C_v	W	$\bar{x}$	S	C_v
		/%				/$(g\cdot kg^{-1})$			/%	/$(mg\cdot kg^{-1})$			/%
0°～10°	25	0.37～2.20	1.22	0.46	37.70	0.49～1.50	1.04	0.26	25.00	35.00～215.20	98.61	43.70	44.32
10°～20°	14	0.94～2.43	1.31	0.44	33.59	0.65～1.61	1.14	0.27	23.68	66.50～120.70	89.58	14.02	15.65
20°～30°	13	0.92～2.63	1.25	0.45	36.00	0.80～2.80	1.25	0.51	40.80	57.80～145.30	96.08	23.78	24.75
>30°	5	0.48～3.44	1.33	1.23	92.48	0.44～1.48	1.04	0.43	41.35	63.00～180.20	92.76	49.11	52.94
未退化样地	1		2.86				2.44				146.30		

续表

坡度段	样本数	全 P (P_2O_5)				速效 P(P_2O_5)				全 K(K_2O)			
		W	$\bar{x}$	S	C_v	W	$\bar{x}$	S	C_v	W	$\bar{x}$	S	C_v
		/($g \cdot kg^{-1}$)			/%	/($mg \cdot kg^{-1}$)			/%	/($g \cdot kg^{-1}$)			/%
0°～10°	25	0.78～1.71	1.17	0.25	21.37	0.60～11.50	3.23	2.28	70.59	14.70～26.50	20.84	3.20	15.36
10°～20°	14	0.90～1.75	1.27	0.26	20.47	1.40～13.50	3.81	2.98	78.22	11.10～26.40	20.13	4.51	22.40
20°～30°	13	0.85～1.78	1.18	0.27	22.88	0.90～7.60	3.61	1.92	53.19	13.50～26.50	19.98	3.57	17.87
＞30°	5	0.43～1.44	1.00	0.39	39.00	1.20～5.00	2.30	1.57	68.26	20.80～25.20	22.92	1.71	7.46
未退化样地	1		1.44				3.80				22.40		

坡度段	样本数	速效 K(K_2O)				阳离子交换量(CEC)			
		W	$\bar{x}$	S	C_v	W	$\bar{x}$	S	C_v
		/($mg \cdot kg^{-1}$)			/%	/($cmol \cdot kg^{-1}$)			/%
0°～10°	25	72.0～138.0	106.60	17.98	16.87	9.50～22.37	16.58	3.31	19.96
10°～20°	14	57.0～144.0	99.94	22.25	22.26	9.87～24.00	16.88	3.92	23.22
20°～30°	13	64.0～132.0	102.54	20.16	19.68	9.12～20.00	14.88	3.49	23.45
＞30°	5	98.0～125.0	111.28	11.22	10.08	13.63～22.62	18.43	3.61	19.59
未退化样地	1		107.00				15.62		

1. 不同利用类型土壤养分流失

1）有机质

土壤有机质含量常作为反映土壤肥力高低的重要指标。它不仅取决于自然因素，如母质、气候、地形、生物条件与成土年代，还取决于人类生产活动，如开垦年限、耕作方式、施肥与灌溉等管理措施。侵蚀将导致土壤中的有机质流失，使土壤有机质含量减少。而土壤有机质在土壤中发挥着和黏粒相似的作用，能够含蓄水分和无机、有机养分，为土壤中异养性生物提供物质能源，维持土壤团粒性，且保持土壤高的可渗性；有机质也可控制或减少土壤侵蚀。因此，有机质含量可作为反映土地退化的一个重要指标（Barrow，1991）。由于紫色土有机质含量一般集中分布在表层土壤，表层的侵蚀以及因作物收获带走而得不到足够的有机肥料补充，可使有机质含量普遍下降（表 5.3）。

三峡库区水土流失严重，成土母质不断更新和堆积，物质循环强烈，有机质含量一般较低。整体来看，采样点耕层有机质含量平均为 1.26%，低于四川省紫色土的 1.36%（中国科学院成都分院土壤研究室，1991），更低于本区纬度基本相同的黄色石灰土的 2.17%、山地黄棕壤的 4.17%和山地黄壤的 6.63%（黄健民，1999）。从紫色土有机质含量的变化范围来看，变幅较大，低者仅为 0.37%，高者可达 3.44%，二者相差近 10 倍。不同土地利用类型与未退化样地相比均明显偏低，最低为建设用地，仅为 0.50%，约相当于未退化样地的 17.48%。耕地有机质也减损严重，比总平均含量还低 0.14%，仅为未退化样地的 39.16%。三峡库区有机质平均含量的高低顺序为：林地＞园地＞菜地＞草地＞荒地＞耕地＞建设用地。

2）N

N 是作物生长的重要元素之一。研究表明，即使在大量使用 N 肥的情况下，作物中积累的 N 仍有 50%左右甚至更多来自土壤（鲁如坤，2000）。土壤中 N 总量及各种存在形态与作物生长有密切关系，分析土壤总 N 及其各种形态 N 的含量是评价土壤肥力的依据。土壤中的 N 分为无机态 N 和有机态 N 两种。有机态 N 占表土含量的 90%以上，而能被植物直接吸收的有机态 N（铵态 N 和硝态 N）仅占土壤全 N 的 2%～3%；在不同季节和植物的不同生长发育阶段，土壤中的有机态 N 含量变化较大。土壤中 N 流失的途径，除作为作物的组成部分随作物迁移、溶解于水中随径流流失、经硝化反硝化过程进入大气外，还有部分是随土壤侵蚀而流失的。

紫色土的N含量普遍较低。全N在0.44～2.80g·kg^{-1}，平均为1.11g·kg^{-1}，与含N量为1.5～3.5g·kg^{-1}的东北黑土（熊毅等，1987）相比，其平均含N量仅为黑土的44.4%，与同一地区的棕壤和黄棕壤相比，分别低0.83g·kg^{-1}和0.85g·kg^{-1}（何毓蓉等，2000）。未退化紫色土全N含量约为各种利用类型紫色土全N含量的1.3～3.1倍，其全N平均含量的高低顺序为：林地＞园地＞草地＞菜地＞荒地＞耕地＞建设用地。

各种土地利用类型的紫色土中，碱解N平均含量约为未退化样地的34.11%～87.72%，和全N相比，其碱解N平均含量由高到低的顺序有一定变化，即林地＞园地＞菜地＞草地＞耕地＞荒地＞建设用地。具体来看，林地和园地的碱解N含量相差无几，且比较高，建设用地则明显低于其他利用类型。

3）P

P是植物三大营养元素之一。土壤中大部分P以固相状态存在，其含量取决于成土母质和施用P肥的历史与用量，也分为无机态P和有机态P两种。通常无机态P占土壤全P的50%～80%，有机态P占土壤全P的20%～50%。尽管土壤无机态P和有机态P经分解和矿化后才能为植物所吸收，全P含量高并不能表示土壤可供植物利用的P的水平高，但土壤全P含量低却反映了土壤供P能力的不足。由于P多附着于土壤颗粒上，侵蚀将使土壤缺乏P，导致土壤肥力下降，降低作物的产量与品质。

从表5.3可以看出，未退化紫色土中全P含量高于各种不同利用类型紫色土，但差别不大。在紫色土中，全P含量主要受母岩含量、施肥量、植物类型、作物类型和复种指数等多种因素影响（中国科学院成都分院土壤研究室，1991），有时退化土壤反而高于未退化土壤。从各种土地利用类型来看，它们之间的全P含量也差异不大，最大的草地和最小的建设用地仅相差0.37g·kg^{-1}。就平均状况而言，本区紫色土全P含量较高，为1.18g·kg^{-1}，明显高于纬度相近的棕壤（0.31g·kg^{-1}）和黄棕壤（0.35g·kg^{-1}）（何毓蓉等，2000）。

不同利用类型紫色土速效P含量相差较大，变异系数为20.00%～106.39%。其中，园地速效P含量为6.10mg·kg^{-1}，明显大于未退化样地3.80mg·kg^{-1}；荒地略大于未退化样地；其他利用类型略小于未退化样地。

4）K

K是重要的植物养分。从植物营养的意义看，土壤中的K大体上可以分为速效K（包括吸附于土壤颗粒表面的K及溶液K）、缓效K和矿物K。其中速效K以交换性K为主，能被植物迅速吸收利用，约占土壤全K量的

0.1%～2%；缓效K包括层状黏土矿物所固定的K离子和黏土矿物中的水云母系以及一部分黑土中的K，是速效K的储备，通常占土壤全K的2%～8%；矿物K是键合于矿物晶格中或深受晶格结构束缚的K，难以被植物吸收利用，需经相当缓慢的风化作用后才能变为速效K，这类K是土壤全K含量的主体，通常占全K量的90%～98%（熊毅等，1987）。

紫色土的K含量较高，尤以石灰性紫色土为最高，全K含量高达 $20g \cdot kg^{-1}$ 以上。紫色土在人为耕作过程中普遍不施用K肥，土壤全K含量主要受成土紫色母岩含量控制（中国科学院成都分院土壤研究室，1991），故同一紫色母岩发育的紫色土，未退化土壤全K含量一般要高于退化土壤。表5.3表明，除园地紫色土全K含量略高于未退化样地外，其他利用类型紫色土全K含量均低于未退化样地，但差异不明显。总样本全K含量平均为 $20.65g \cdot kg^{-1}$，比同纬度山地黄壤高出 $5.85g \cdot kg^{-1}$。各种土地利用类型，只有草地、荒地的全K含量略低于 $20g \cdot kg^{-1}$，其他利用类型均高于 $20g \cdot kg^{-1}$。

而速效K含量同速效P一样，除了与全量有关外，还与土壤的质地、pH、Eh、有机质含量等性质有关，所以退化与未退化土壤间速效K含量高低不一，规律性不明显。

5）阳离子交换量

土壤阳离子交换量（CEC）是指土壤所能吸附和交换的阳离子的容量。它是土壤的一个很重要的化学性质，直接反映了土壤的保肥、供肥性能和缓冲能力。一般认为阳离子交换量大于 $20cmol \cdot kg^{-1}$ 为保肥力强的土壤；$10～20 cmol \cdot kg^{-1}$ 为保肥力中等的土壤；小于 $10cmol \cdot kg^{-1}$ 为保肥力弱的土壤（黄昌勇等，2000）。从表5.3可以看出，本研究区阳离子交换量平均为 $16.43cmol \cdot kg^{-1}$，且未退化样地和各种土地利用类型的阳离子交换量均在 $10～20cmol \cdot kg^{-1}$，表明本研究区紫色土属保肥力中等的土壤，低于同纬度的黄棕壤（$21.63cmol \cdot kg^{-1}$）和棕壤（$24.18cmol \cdot kg^{-1}$）。由于阳离子交换量受土壤胶体类型、母质、土壤质地和土壤pH等多种因素的影响，故退化与未退化紫色土间阳离子交换量无规律可循。

6）微量元素

微量元素指自然界广泛存在且含量很低的化学元素。在土壤和植物中，通常把元素含量低于 $10^{-3}n$ %（n=1，2，…，10），最多不超过0.01%的元素称为微量元素（黄昌勇等，2000）。已证明植物必需的微量元素有Fe、Mn、Cu、Zn、B、Mo和Cl，对植物有益的微量元素有Co、Ni、V、Sr、Se、Zr、Ti、I、Cr和Pb等（邢光熹等，2003）。事实上，微量营养元素是相对植物营养而言的，Fe、

Mn元素在岩石圈和土壤圈中属12个丰富元素中的2个，但有效含量较低，植物吸收量亦很少，故从植物营养角度仍被列为微量元素。由于微量元素在植物体中多为酶、辅酶的组成成分和活化剂，它们的作用有很强的专一性，一旦缺乏，植物便不能正常生长，有时还成为作物产量和品质的限制因子。例如，植物缺Fe会引起失绿症；缺Mn生长受到阻滞，严重缺Mn时可发生叶绿体结构破裂，叶绿素浓度降低；缺Cu会引起雄性不育，降低果实或籽粒产量；缺Mo将直接影响到植物的N代谢等。因而微量元素在农业生产中的作用，近年来已引起广泛的关注（董国政等，2004；邢光熹等，2003）。笔者以上述三峡库区典型坡面紫色土样点为例，探讨Cu、Fe、Zn、Mn等13种微量元素的含量及其在不同利用类型下和不同坡度段的退化特征，见表5.5、表5.6。

由表5.5可知，总样本各微量元素的平均含量除Mn、Pb、Sr和Zr高于未退化样地外，其余9种微量元素的平均含量均较未退化样地低，这表明大多数微量元素存在不同程度的减损。但由于微量元素的含量受成土母质、沉积类型、pH、有机质、黏粒以及人类活动等多种因素的影响（何毓蓉等，2003），退化土壤某些微量元素的含量可能高于未退化土壤。

在各种利用类型中，园地土壤中的微量元素含量普遍较高，甚至高于未退化样地，如园地土壤中Fe、Zn、Ti、Pb、Sr、Zr和Cr的平均含量均高于未退化样地，尤其是Sr和Zr，分别高出未退化样地45.58%和25.68%。草地土壤中的各种微量元素平均含量一般较低，如Fe、Zn、Ni、Pb、Cr的平均含量均是各种利用类型中最低的，尤其是Ni和Zn，分别低于未退化样地28.64%和15.95%。此外，荒地土壤中的Cu、Mo平均含量最低，但Zr和Cr平均含量却最高，尤其是Zr，为未退化样地的2.14倍。值得注意的是，菜地土壤中Pb的平均含量最高，为29.85mg · kg^{-1}，高出未退化样地5.42mg · kg^{-1}，虽未形成Pb污染（污染临界值为35mg · kg^{-1}）（邢光熹等，2003），但有明显上升趋势，这可能和菜地中长期施用与Pb有关的肥料和农药有关。

2. 不同坡度段土壤养分流失

从表5.4可知，与未退化紫色土样地相比，除10°～20°坡度段速效P含量、大于30°坡度段全K和速效K含量略高于未退化样地外，其他各坡度段紫色土的有机质、全N、碱解N、全P、速效P、全K、速效K含量均不同程度地有所减损，特别是各坡度段的有机质、全N、碱解N的含量明显低于未退化样地。各坡度段的阳离子交换量与未退化样地相比，规律性不明显。

表 5.5　不同利用类型土壤中微量元素含量比较

土地利用类型	样本数	Cu				Fe				Zn			
		W	$\bar{x}$	S	C_v	W	$\bar{x}$	S	C_v	W	$\bar{x}$	S	C_v
		/(mg·kg⁻¹)			/%	/%				/(mg·kg⁻¹)			/%
总样本	57	15.01～55.52	29.52	5.59	18.94	2.69～4.31	3.57	0.32	8.96	54.49～165.70	76.07	15.73	20.68
耕地	28	23.26～33.76	29.54	2.57	8.70	2.69～3.95	3.51	0.33	9.40	54.49～115.08	74.07	11.41	15.40
菜地	12	16.76～55.52	32.17	9.54	29.65	3.34～4.10	3.68	0.25	6.79	58.79～165.70	82.81	27.78	33.55
园地	3	28.83～38.51	32.94	5.00	15.18	3.91～4.31	4.06	0.22	5.42	78.57～95.73	86.45	8.66	10.02
林地	3	25.44～30.42	27.89	2.49	8.93	3.19～3.79	3.46	0.30	8.67	74.26～76.37	75.11	1.11	1.48
草地	2	26.87～27.06	26.97	0.13	0.48	3.23～3.68	3.46	0.32	9.25	62.75～75.28	69.02	8.86	12.84
荒地	7	15.01～31.70	25.66	6.35	24.75	3.13～4.19	3.51	0.34	9.96	60.02～83.79	70.93	7.60	10.71
建设用地	2	25.35～28.30	26.83	2.09	7.79	3.48～3.66	3.57	0.13	3.64	73.25～75.86	74.56	1.85	2.48
未退化样地	1		37.25				3.94				82.12		

土地利用类型	样本数	Mn				Ni				Mo			
		W	$\bar{x}$	S	C_v	W	$\bar{x}$	S	C_v	W	$\bar{x}$	S	C_v
		/(g·kg⁻¹)			/%	/(mg·kg⁻¹)			/%	/(mg·kg⁻¹)			/%
总样本	57	0.36～1.17	0.69	0.14	20.29	24.51～51.24	33.76	5.28	15.64	0.00～5.04	2.70	0.86	31.85
耕地	28	0.40～0.84	0.68	0.11	16.18	25.17～41.74	33.03	4.02	12.17	1.38～5.04	2.67	0.83	31.09
菜地	12	0.36～1.17	0.67	0.20	29.85	24.51～41.35	34.36	4.57	13.30	1.30～3.58	2.64	0.72	27.27
园地	3	0.50～0.78	0.62	0.15	24.19	32.77～38.68	36.40	3.18	8.74	2.39～3.72	2.90	0.72	24.83
林地	3	0.64～0.94	0.74	0.17	22.97	25.60～42.61	34.33	8.51	24.79	3.48～3.81	3.67	0.17	4.63
草地	2	0.75～0.76	0.76	0.01	1.32	28.08～33.14	30.61	3.58	11.70	2.52～2.71	2.62	0.13	4.96
荒地	7	0.50～1.07	0.72	0.17	23.61	26.67～51.24	35.74	10.07	28.18	0.00～4.45	2.51	1.41	56.18
建设用地	2	0.67～0.77	0.72	0.07	9.72	29.15～34.64	31.90	3.88	12.16	2.17～2.94	2.56	0.54	21.09
未退化样地	1		0.64				42.18				3.34		

续表

土地利用类型	样本数	Co				Ti				V			
		W	$\bar{x}$	S	C_v	W	$\bar{x}$	S	C_v	W	$\bar{x}$	S	C_v
		/(mg·kg^{-1})			/%	/(g·kg^{-1})			/%	/(mg·kg^{-1})			/%
总样本	57	11.36～19.15	15.18	1.66	10.94	4.52～8.27	5.49	0.65	11.84	72.10～117.65	89.89	9.16	10.19
耕地	28	12.19～18.13	15.00	1.40	9.33	4.52～6.16	5.38	0.38	7.06	72.10～96.63	87.53	6.03	6.89
菜地	12	13.75～18.02	15.82	1.44	9.10	4.86～8.27	5.77	0.91	15.77	82.47～117.65	94.08	11.77	12.51
园地	3	15.22～17.86	16.19	1.46	9.02	5.73～6.30	5.95	0.31	5.21	98.30～111.64	104.03	6.87	6.60
林地	3	12.71～15.75	14.45	1.57	10.87	4.77～5.29	5.11	0.29	5.68	81.14～93.97	87.04	6.48	7.44
草地	2	14.06～15.25	14.66	0.84	5.73	5.25～5.63	5.44	0.26	4.78	82.74～89.14	85.94	4.53	5.27
荒地	7	11.36～19.15	14.76	2.95	19.99	4.80～7.92	5.58	1.08	19.35	79.79～115.34	90.43	11.90	13.16
建设用地	2	14.16～16.88	15.52	1.92	12.37	4.69～5.15	4.92	0.32	6.50	79.83～86.05	82.94	4.40	5.31
未退化样地	1		18.52				5.53				116.03		

土地利用类型	样本数	Pb				Sr				Zr			
		W	$\bar{x}$	S	C_v	W	$\bar{x}$	S	C_v	W	$\bar{x}$	S	C_v
		/(mg·kg^{-1})			/%	/(mg·kg^{-1})			/%	/(mg·kg^{-1})			/%
总样本	57	19.41～87.31	25.47	8.85	34.75	64.40～217.57	152.95	35.62	23.29	181.80～899.49	299.52	129.76	43.32
耕地	28	19.41～31.54	24.12	2.45	10.16	91.00～217.57	157.31	35.01	22.26	181.80～742.44	298.55	117.66	39.41
菜地	12	19.80～87.31	29.85	18.45	61.81	86.43～195.43	154.50	35.57	23.02	199.36～636.12	294.56	114.94	39.02
园地	3	21.84～28.70	26.30	3.86	14.68	112.18～151.97	128.76	20.71	16.08	202.24～266.50	233.62	32.16	13.77
林地	3	23.39～25.69	24.19	1.30	5.37	86.11～167.28	123.44	40.97	33.19	194.77～271.29	237.45	39.02	16.43
草地	2	21.00～23.32	22.16	1.64	7.40	137.26～183.93	160.60	33.00	20.55	255.85～256.79	256.32	0.66	0.26
荒地	7	20.59～32.77	25.18	4.42	17.55	64.40～196.48	146.58	43.98	30.00	247.46～899.49	397.46	228.98	57.61
建设用地	2	21.36～24.88	23.12	2.49	10.77	161.23～194.78	178.01	23.72	13.33	227.95～242.50	235.23	10.29	4.37
未退化样地	1		24.43				89.68				185.89		

续表

土地利用类型	样本数	Cr			
		W	$\bar{x}$	S	C_v
		/(mg·kg^{-1})			/%
总样本	57	52.30～151.47	67.56	15.67	23.19
耕进	28	52.30～87.12	65.02	7.50	11.53
菜地	12	56.69～119.48	71.35	17.10	23.97
园地	3	61.44～72.63	68.79	6.37	9.26
林地	3	52.73～78.96	65.46	13.13	20.06
草地	2	54.87～60.58	57.33	4.04	7.05
荒地	7	56.20～151.47	77.15	34.56	44.80
建设用地	2	55.25～60.55	57.90	3.75	6.48
未退化样地	1		68.06		

表 5.6　不同坡度段坡地紫色土微量元素含量比较

坡度段	样本数	Cu				Fe				Zn			
		W	$\bar{x}$	S	C_v	W	$\bar{x}$	S	C_v	W	$\bar{x}$	S	C_v
		/(mg·kg^{-1})			/%	/%				/(mg·kg^{-1})			/%
0°～10°	25	19.55～44.77	30.03	4.13	13.75	3.00～4.10	3.57	0.29	8.12	58.07～98.04	74.18	8.73	11.77
10°～20°	14	15.01～55.52	30.43	9.40	30.89	3.08～4.31	3.72	0.34	9.14	58.79～165.70	82.56	25.44	30.81
20°～30°	13	23.26～32.66	27.89	3.15	11.29	2.69～3.81	3.40	0.35	10.29	54.49～80.72	70.33	8.98	12.77
>30°	5	25.44～30.42	28.71	2.02	7.04	3.41～3.79	3.64	0.16	4.40	73.27～115.08	82.31	18.33	22.27
未退化样地	1		37.25				3.94				82.12		

续表

坡度段	样本数	Mn				Ni				Mo			
		W	$\bar{x}$	S	C_v	W	$\bar{x}$	S	C_v	W	$\bar{x}$	S	C_v
		/(g·kg^{-1})			/%	/(mg·kg^{-1})			/%	/(mg·kg^{-1})			/%
0°～10°	25	0.36～1.17	0.64	0.16	25.00	24.51～49.17	33.05	4.90	14.83	1.30～5.04	2.57	0.81	31.52
10°～20°	14	0.57～1.07	0.73	0.13	17.81	25.17～51.24	36.18	5.93	16.39	0.00～3.72	2.50	1.06	42.40
20°～30°	13	0.50～0.94	0.72	0.11	15.28	25.60～41.74	32.22	5.04	15.64	2.10～4.45	3.06	0.66	21.57
>30°	5	0.64～0.76	0.69	0.05	7.25	29.83～42.61	34.53	4.91	14.22	1.87～3.81	3.00	0.80	26.67
未退化样地	1		0.64				42.18				3.34		

坡度段	样本数	Co				Ti				V			
		W	$\bar{x}$	S	C_v	W	$\bar{x}$	S	C_v	W	$\bar{x}$	S	C_v
		/(mg·kg^{-1})			/%	/(g·kg^{-1})			/%	/(mg·kg^{-1})			/%
0°～10°	25	12.19～18.29	15.57	1.63	10.47	4.52～5.99	5.37	0.41	7.64	79.83～114.91	89.39	7.75	8.67
10°～20°	14	13.17～19.15	15.73	1.80	11.44	4.69～8.27	5.84	1.08	18.49	77.14～117.65	94.65	12.68	13.40
20°～30°	13	11.36～15.44	14.13	1.30	9.20	5.01～6.16	5.48	0.33	6.02	72.10～95.21	86.16	7.13	8.28
>30°	5	13.54～15.75	14.48	0.86	5.94	4.77～5.39	5.12	0.24	4.69	86.00～93.97	88.78	3.19	3.59
未退化样地	1		18.52				5.53				116.03		

续表

坡度段	样本数	Pb				Sr				Zr			
		W	$\bar{x}$	S	C_v	W	$\bar{x}$	S	C_v	W	$\bar{x}$	S	C_v
		/(mg·kg^{-1})			/%	/(mg·kg^{-1})			/%	/(mg·kg^{-1})			/%
0°～10°	25	19.80～32.77	24.95	3.28	13.15	86.43～217.57	156.14	37.61	24.09	185.05～421.05	270.28	56.96	21.07
10°～20°	14	19.41～87.31	29.11	17.14	58.88	103.07～190.55	155.05	32.12	20.72	181.80～899.49	321.73	198.95	61.84
20°～30°	13	20.59～25.92	23.57	1.72	7.30	64.40～213.42	146.55	35.06	23.92	246.29～742.44	355.04	147.41	41.52
>30°	5	21.20～23.58	22.84	1.01	4.42	86.11～191.13	147.79	44.65	30.21	194.77～271.29	239.16	28.35	11.85
未退化样地	1		24.43				89.68				185.89		

坡度段	样本数	Cr			
		W	$\bar{x}$	S	C_v
		/(mg·kg^{-1})			/%
0°～10°	25	54.68～88.53	64.10	7.37	11.50
10°～20°	14	52.30～151.47	75.59	27.26	36.06
20°～30°	13	52.73～87.12	66.53	10.23	15.38
>30°	5	57.25～78.96	65.05	8.36	12.85
未退化样地	1		68.06		

总的来看，各坡度段的紫色土养分平均含量差异不大，但速效 P 在 10°～20°与大于 30°坡度段、阳离子交换量在 20°～30°和大于 30°坡度段有显著差异，速效 P 前者比后者多 65.65%，阳离子交换量前者比后者少 23.86%。各坡度段紫色土的养分含量随坡地坡度的增大其增减变化规律不尽一致；全 P 和速效 P 含量随坡度的变化规律相同，说明二者随坡度的变化具有高度的相关性。

各坡度段微量元素平均含量与未退化样地相比，Cu、Fe、Ni、Mo、Co、V 6 种元素均程度不同地有所减损，特别是 Ni、Co、V 减少较多（表 5.6），表明这 6 种元素易随土壤侵蚀或其他途径迁移。各坡度段微量元素平均含量之间比较，一般差别不大，在水土流失严重的紫色土区，这种现象表明多数微量元素随坡度的变化迁移不甚明显，只有 Pb、Zr 和 Cr 各坡度段含量差异稍大，特别是 Zr，大于 30°坡度段的含量仅有 20°～30°坡度段含量的 67.36%。不同坡度段各种微量元素的平均含量多以 10°～20°坡度段为最大，如 Cu、Fe、Zn、Mn、Ni、Co、Ti、V、Pb 9 种元素在该坡度段平均含量最高，表明该坡度段是这些微量元素减损最轻坡度段；20°～30°坡度段多是微量元素平均含量最小坡度段，有 Cu、Fe、Zn、Ni、Co、V、Sr 7 种，表明此坡度段是这 7 种微量元素减损最大坡度段。这和前述研究中不同坡度段紫色土的黏粒含量有一定关系。因土壤黏粒是保蓄土壤水分和养分的物质基础，其本身便含有一定的微量元素，同时还影响着土壤的吸收性能。亦即黏粒含量较高的土壤，其微量元素一般含量也较高；反之亦然。

5.2.3　土壤酸化

研究表明，我国紫色土的 pH 一般在 3.9～8.5（何毓蓉，2003）。参照《中国土壤》（熊毅等，1987）一书中有关我国土壤的酸碱度分级标准，可把紫色土分为酸性、中性和碱性 3 种。酸性紫色土的 pH 一般在 3.9～6.5，中性紫色土的 pH 一般在 6.5～7.5，石灰性紫色土的 pH 一般在 7.5～8.5，少数强碱性紫色土的 pH 高达 8.5 以上。

由表 5.7 可知，未退化样地的 pH 为 8.23，表明此采样区域土壤为石灰性紫色土。各土地利用类型 pH 的平均值与未退化样地比较，均有所减少，表征该研究区紫色土向酸性方向发展，特别是园地和菜地。从 57 个样点的 pH 大小来看（图 5.5），小于未退化样地 pH 的样点数约为 78.95%。其中，有些样点的 pH<5.0，成为强酸性紫色土，可能是由于施肥所致，特别是施用 P 肥。

但个别紫色土样点由于表层土壤被侵蚀，碱性紫色土 $CaCO_3$ 淋溶弱，因此 pH 反而高于未退化样地的（图 5.5）。

表 5.7　不同利用类型紫色土 pH

土地利用类型	总样本	耕地	菜地	园地	林地	草地	荒地	建设用地	未退化样地
样本个数	57	28	12	3	3	2	7	2	1
范围值	4.53～8.85	4.82～8.85	4.53～8.58	4.70～8.19	6.68～8.10	7.00～8.33	6.67～8.39	6.73～7.90	
平均值	7.07	7.04	6.93	6.20	7.19	7.67	7.55	7.32	8.23
标准差	1.16	1.18	1.40	1.79	0.79	0.94	0.59	0.83	
变异系数/%	16.41	16.76	20.20	28.87	10.99	12.26	7.81	11.34	

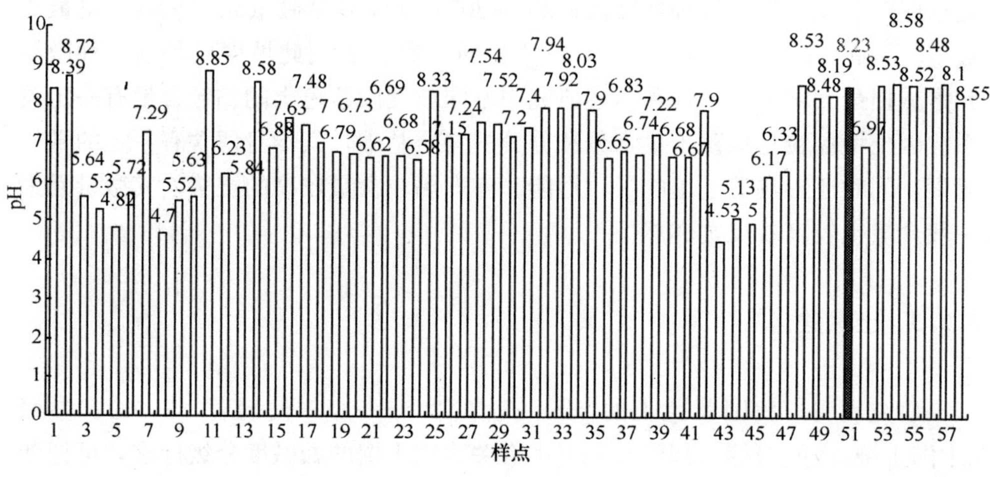

图 5.5　紫色土坡地样点 pH

5.2.4　紫色土退化指标的相关性分析

1. 不同利用类型紫色土退化指标的相关性分析

土壤质地（黏粒）与土壤养分及 pH 密切相关（黄昌勇等，2000）。通过

SPSS12.0 软件用皮尔逊检验法（Pearson's test）对不同利用类型下土壤样本进行的相关分析表明，研究区坡地紫色土中的黏粒含量、土壤有机质、N 含量、P 含量、K 含量、阳离子交换量及 pH 具有一定的相关性（表 5.8）。土壤黏粒与全 K、速效 K 含量，全 N 和碱解 N，全 K 和阳离子交换量具有显著正相关；土壤黏粒与阳离子交换量，有机质与全 N、碱解 N，全 K 与速效 K 具有极显著正相关；速效 P 与 pH 具有显著负相关；pH 与全 K、速效 K 具有极显著负相关。

表 5.8　不同利用类型下紫色土质地（黏粒）、土壤养分含量和 pH 的相关性

指标	黏粒	有机质	全 N	碱解 N	全 P	速效 P	全 K	速效 K	CEC	pH
黏粒	1.000	−0.106	−0.102	−0.033	−0.341	0.372	0.868①	0.776①	0.974②	−0.679
有机质	−0.106	1.000	0.976②	0.914②	0.439	0.484	0.202	0.209	−0.115	−0.308
全 N	−0.102	0.976②	1.000	0.858①	0.431	0.387	0.175	0.188	−0.121	−0.231
碱解 N	−0.033	0.914②	0.858①	1.000	0.689	0.684	0.398	0.450	−0.040	−0.571
全 P	−0.341	0.439	0.431	0.689	1.000	0.428	0.149	0.316	−0.374	−0.372
速效 P	0.372	0.484	0.387	0.684	0.428	1.000	0.681	0.726	0.332	−0.805①
全 K	0.868①	0.202	0.175	0.398	0.149	0.681	1.000	0.979②	0.827①	−0.942②
速效 K	0.776①	0.209	0.188	0.450	0.316	0.726	0.979②	1.000	0.713	−0.959②
CEC	0.974②	−0.115	−0.121	−0.040	−0.374	0.332	0.827①	0.713	1.000	−0.638
pH	−0.679	−0.308	−0.231	−0.571	−0.372	−0.805①	−0.942②	−0.959②	−0.638	1.000

① $p \leqslant 0.05$ 显著水平；② $p \leqslant 0.01$ 极显著水平。

表 5.9 表明，紫色土中 Cu 和 Fe、Co、V，Zn 和 Co、V，Ni 和 V、Cr 具有显著正相关；Cu 和 Zn，Fe 和 Zn、Co、V，Ti 和 V 具有极显著正相关；Cu 和 Mn，Mn 和 Co、V 具有显著负相关；Mn 和 Fe、Zn 具有极显著负相关。

2. 不同坡度段紫色土退化指标的相关性分析

对比表 5.8 和表 5.10 可知，不同坡度段紫色土中土壤黏粒、土壤养分和 pH 之间的相关性不如不同土地利用类型中的显著。在不同利用类型中，虽然土壤中全 P 和速效 P 相关性不显著，但在不同坡度段，二者却具有显著相关性；全 P 和速效 K，速效 P 和全 K、速效 K 具有显著负相关；同时，全 P 和

表 5.9　不同利用方式下紫色土微量元素含量的相关性

微量元素	Cu	Fe	Zn	Mn	Ni	Mo	Co	Ti	V	Pb	Sr	Zr	Cr
Cu	1.000	0.789①	0.921②	−0.868①	0.437	0.103	0.773①	0.675	0.788①	0.711	−0.338	−0.331	0.219
Fe	0.789①	1.000	0.885②	−0.880②	0.593	−0.035	0.877②	0.686	0.907②	0.499	−0.345	−0.288	0.255
Zn	0.921②	0.885②	1.000	−0.883②	0.608	0.164	0.861①	0.594	0.826①	0.743	−0.392	−0.337	0.312
Mn	−0.868①	−0.880②	−0.883②	1.000	−0.641	0.111	−0.848①	−0.685	−0.844①	−0.647	0.274	0.074	−0.416
Ni	0.437	0.593	0.608	−0.641	1.000	0.239	0.364	0.596	0.766①	0.619	−0.711	0.328	0.859①
Mo	0.103	−0.035	0.164	0.111	0.239	1.000	−0.302	−0.226	0.047	−0.053	−0.753	−0.457	−0.037
Co	0.773①	0.877②	0.861①	−0.848①	0.364	−0.302	1.000	0.528	0.688	0.600	0.067	−0.268	0.139
Ti	0.675	0.686	0.594	−0.685	0.596	−0.226	0.528	1.000	0.886②	0.660	−0.395	0.267	0.602
V	0.788①	0.907②	0.826①	−0.844①	0.766①	0.047	0.688	0.886②	1.000	0.636	−0.581	−0.019	0.542
Pb	0.711	0.499	0.743	−0.647	0.619	−0.053	0.600	0.660	0.636	1.000	−0.259	0.225	0.676
Sr	−0.338	−0.345	−0.392	0.274	−0.711	−0.753	0.067	−0.395	−0.581	−0.259	1.000	0.061	−0.478
Zr	−0.331	−0.288	−0.337	0.074	0.328	−0.457	−0.268	0.267	−0.019	0.225	0.061	1.000	0.729
Cr	0.219	0.255	0.312	−0.416	0.859①	−0.037	0.139	0.602	0.542	0.676	−0.478	0.729	1.000

① $p\leq 0.05$ 显著水平；② $p\leq 0.01$ 极显著水平。

全 K 的相关性虽尚未达到显著性水平，但相关系数已达－0.929 的较高水平(Sig.(2－tailed)＝0.071)。这表明，P、K 均受坡地坡度的影响较大，只不过二者随坡度的变化其增减趋势正好相反。

表 5.10　不同坡度段紫色土质地（黏粒）与土壤养分含量和 pH 的相关性

指标	黏粒	有机质	全 N	碱解 N	全 P	速效 P	全 K	速效 K	CEC	pH
黏粒	1.000	－0.792	－0.472	0.821	0.017	－0.052	－0.040	0.257	－0.102	－0.535
有机质	－0.792	1.000	－0.164	－0.879	－0.344	－0.393	0.527	0.185	0.687	0.830
全 N	－0.472	－0.164	1.000	－0.072	0.495	0.673	－0.715	－0.706	－0.828	－0.351
碱解 N	0.821	－0.879	－0.072	1.000	－0.147	－0.079	－0.085	0.287	－0.424	－0.464
全 P	0.017	－0.344	0.495	－0.147	1.000	0.973①	－0.929	－0.951①	－0.599	－0.807
速效 P	－0.052	－0.393	0.673	－0.079	0.973①	1.000	－0.984①	－0.976①	－0.751	－0.811
全 K	－0.040	0.527	－0.715	－0.085	－0.929	－0.984①	1.000	0.930	0.852	0.865
速效 K	0.257	0.185	－0.706	0.287	－0.951①	－0.976①	0.930	1.000	0.659	0.665
CEC	－0.102	0.687	－0.828	－0.424	－0.599	－0.751	0.852	0.659	1.000	0.754
pH	－0.535	0.830	－0.351	－0.464	－0.807	－0.811	0.865	0.665	0.754	1.000

① $p \leqslant 0.05$ 显著水平。

表 5.11 显示，不同坡度段紫色土中微量元素含量之间的相关性亦不如不同利用类型中显著。随坡地坡度的变化，Cu 和 Sr，Co 和 Sr 具有显著正相关；Cu 和 Co 具有极显著正相关；Cu 和 Mo，Mo 和 Sr 具有显著负相关；Mo 和 Co 具有极显著负相关。

综上所述，可以看出，与未退化样地相比，不同利用类型、不同坡度段紫色土坡地存在着不同程度的退化现象。但要确定它们的退化程度，还需进行土地退化评价（第 6 章详述）。

表 5.11　不同坡度段紫色土微量元素含量的相关性

微量元素	Cu	Fe	Zn	Mn	Ni	Mo	Co	Ti	V	Pb	Sr	Zr	Cr
Cu	1.000	0.770	0.492	−0.231	0.646	−0.978①	0.992②	0.508	0.870	0.801	0.956①	−0.216	0.512
Fe	0.770	1.000	0.934	0.039	0.937	−0.631	0.686	0.247	0.879	0.614	0.558	−0.481	0.552
Zn	0.492	0.934	1.000	0.212	0.927	−0.317	0.382	0.080	0.725	0.409	0.225	−0.509	0.494
Mn	−0.231	0.039	0.212	1.000	0.385	0.219	−0.260	0.564	0.247	0.358	−0.397	0.649	0.716
Ni	0.646	0.937	0.927	0.385	1.000	−0.526	0.561	0.447	0.909	0.711	0.396	−0.202	0.772
Mo	−0.978①	−0.631	−0.317	0.219	−0.526	1.000	−0.995②	−0.606	−0.817	−0.833	−0.982①	0.050	−0.518
Co	0.992②	0.686	0.382	−0.260	0.561	−0.995②	1.000	0.541	0.828	0.803	0.982①	−0.143	0.487
Ti	0.508	0.247	0.080	0.564	0.447	−0.606	0.541	1.000	0.674	0.905	0.474	0.702	0.888
V	0.870	0.879	0.725	0.247	0.909	−0.817	0.828	0.674	1.000	0.916	0.708	−0.039	0.830
Pb	0.801	0.614	0.409	0.358	0.711	−0.833	0.803	0.905	0.916	1.000	0.715	0.334	0.901
Sr	0.956①	0.558	0.225	−0.397	0.396	−0.982①	0.982①	0.474	0.708	0.715	1.000	−0.143	0.347
Zr	−0.216	−0.481	−0.509	0.649	−0.202	0.050	−0.143	0.702	−0.039	0.334	−0.143	1.000	0.460
Cr	0.512	0.552	0.494	0.716	0.772	−0.518	0.487	0.888	0.830	0.901	0.347	0.460	1.000

① $p \leqslant 0.05$ 显著水平；② $p \leqslant 0.01$ 极显著水平。

参考文献

蔡崇法，丁树文，张光远，等. 1996. 三峡库区紫色土坡地养分状况及养分流失. 地理研究，15 (3)：77-84.

董国政，刘德辉，姜月华，等. 2004. 湖州市土壤微量元素含量与有效性评价. 土壤通报，35 (4)：474-478.

何毓蓉. 2003. 中国紫色土（下篇）. 北京：科学出版社.

何毓蓉，张丹，宫阿都. 2000. 长江上游退耕还林区的土壤退化与肥力重建. 山地学报，18 (6)：526-529.

何毓蓉，张丹，张映翠，等. 1999. 金沙江干热河谷区云南土壤退化过程研究. 土壤侵蚀与水土保持学报，5 (4)：1-5，38.

黄昌勇，李保国，潘根兴，等. 2000. 土壤学. 北京：中国农业出版社.

黄健民. 1999. 长江三峡地理. 重庆：重庆出版社.

靳长兴. 1995. 论坡面侵蚀的临界坡度. 地理学报，50 (3)：234-239.

刘青泉，陈力，李家春. 2001. 坡度对坡面土壤侵蚀的影响分析. 应用数学与力学，22 (5)：449-457.

鲁如坤. 2000. 土壤农业化学分析方法. 北京：中国农业科技出版社.

史德明，韦启潘，梁音，等. 2000. 中国南方侵蚀土壤退化指标体系研究. 水土保持学报，14 (3)：1-9.

邢光熹，朱建国. 2003. 土壤微量元素和稀土元素化学. 北京：科学出版社.

熊毅，李庆逵. 1987. 中国土壤（第二版）. 北京：科学出版社.

郑度，申元村. 1998. 坡地过程及退化坡地恢复整治研究——以三峡库区紫色土坡地为例. 地理学报，53 (2)：116-122.

中国科学院成都分院土壤研究室. 1991. 中国紫色土（上篇）. 北京：科学出版社.

中国农业百科全书总编辑委员会土壤卷编辑委员会，中国农业百科全书编辑部. 1996. 中国农业百科全书土壤卷. 北京：中国农业出版社.

Barrow C J. 1991. Land Degradation. Cambridge：Cambridge University Press.

Villamil M B N M A，Peinemann N. 2001. Soil degradation related to overgrazing in the semi-arid southern Caldenal area of Argentina. Soil Science，166：441-452.

第 6 章　三峡库区土地退化程度评价

6.1　土地退化评价模型的选用

随着信息技术在土地研究中的应用，人们越来越依赖于定量的数学方法。在土地质量评价中，目前还不存在标准的量化评价方法，但是在研究中已经存在一些评价体系。在土地质量评价中经常使用的数学方法包括评分法、分等定级法、模糊评判法、聚类分析法以及地统计学方法（Andrews et al.，2001；Doran et al.，1994；Pennock et al.，1994；Smith et al.，1993；FAO，1976）。这些方法在以往的土地评价中使用比较广泛，有些比较成熟，而有些方法仍在研究之中。

土地退化评价是土地质量评价的重要内容。由于引起土地退化的因素很多，要探讨各因子之间的关系和作用是很复杂的。复杂的问题较难精确化，以至于一个系统的复杂性增大时，人们使之精确的能力将降低；并且超过一定阈值时，复杂性与精确性将相互排斥。与复杂性紧紧相伴的就是模糊性。这种复杂性与模糊性集中体现在评价指标的选取、数据获取、评分、赋权和土地退化等级的划分等方面。模糊评判法在以往的土地退化和生态环境评价中已较成熟，得到广泛使用（蔡劲松等，2004；黄成敏等，1993）。本章试图应用模糊集理论中的模糊综合评判方法对三峡库区紫色土坡地土地退化予以评价。

6.2　土地退化评价指标体系的建立

6.2.1　土地退化评价指标选取的原则

土地退化指标的选取，应遵循一定的科学原则。如前所述，紫色土退化特征主要表现为物理性退化、构造性退化、化学性退化和营养性退化，每种退化特征又包括很多退化因子。但对于不同的地块或不同的利用类型，土地的退化可以表现为上述一个方面或几个方面的退化，而且其中总有一个方面或某几个方面是起主导作用的。因此，评价指标的选择，首先应遵循综合性因子与主导因子相结合的原则；其次，应遵循形态-成因原则，应能科学地反映土地退化发生发展过程及其主要表征（卢金发，1998）；最后，是实用性原则，即所选取的评价指标应尽可能地简明实用，易于量化，可操作性强，且能反映地区实际情况。

6.2.2　土地退化评价指标的选取

正确选择评价指标是土地退化评价的关键。因此，所选取的指标必须能反映或标志土地退化的那些要素的特征或数值。依据上述原则，参阅前人研究成果（史德明等，2000；何毓蓉等，1999），并结合本区紫色土土地退化的实际情况，同时考虑时间所限，本次选取紫色土退化的评价指标主要有土壤物理指标：粗化度；土壤化学指标：pH；土壤营养指标：有机质、全 N、碱解 N、全 P、速效 P、全 K、速效 K、阳离子交换量以及微量元素综合指数。

需要说明的是：其一，由于本次选取的土壤物理和化学指标较少，可将其合并为理化性退化集内；其二，反映紫色土营养状况的微量元素很多，若把这些要素都列入评价，土地退化评价因子增加很多，会给后面的工作带来不便。于是，首先选择了 Cu、Fe、Zn、Mn、Co 5 种植物必需的微量元素，依其含量对它们进行适当分级；其次采用指数法对其进行评价（表 6.1）；最后通过计算，得出微量元素综合指数，以总分表示后（表 6.2、表 6.3），进行土地退化的模糊评价。

表 6.1　紫色土微量元素含量分级及评分

微量元素含量分级	Cu /(mg·kg^{-1})	Fe /%	Zn /(mg·kg^{-1})	Mn /(g·kg^{-1})	Co /(mg·kg^{-1})	微量元素含量等级评分
1	≥37.5	≥4.0	≥82.5	≥0.71	≥18.6	10
2	35.0～37.5	3.9～4.0	80.0～82.5	0.69～0.71	17.6～18.6	8
3	32.5～35.0	3.8～3.9	77.5～80.0	0.67～0.69	16.6～17.6	6
4	30.0～32.5	3.7～3.8	75.0～77.5	0.65～0.67	15.6～16.6	4
5	27.5～30.0	3.6～3.7	72.5～75.0	0.63～0.65	14.6～15.6	2
6	<27.5	<3.6	<72.5	<0.63	<14.6	1

表 6.2　不同利用类型紫色土微量元素综合指数

土地利用类型	耕地	菜地	园地	林地	草地	荒地	建设用地
微量元素综合指数	13	26	31	18	15	15	16

表 6.3　不同坡度段紫色土微量元素综合指数

坡度段/(°)	0～10	10～20	20～30	>30
微量元素综合指数	11	32	15	21

6.2.3　土地退化评价的基本原理和方法

1. 确定权重集 **A**

各土壤因子对土地退化程度的影响不一，重要性不同，因此需要确定各评判因素对土地退化的权重。关于权重确定方法，多数是借助专家的丰富实践经验而获得。本书采用专家打分法（章家恩等，1999；史志华等，1999），确定了研究区土地退化评价因子的权重（表 6.4）。

表 6.4　紫色土退化类型评判因子权重集

退化因子	理化性退化		营养性退化								
	粗化	酸化	有机质贫化	全N贫化	碱解N贫化	全P贫化	速效P贫化	全K贫化	速效K贫化	离子交换性能弱化	微量元素减损
权重值	0.15	0.10	0.20	0.09	0.10	0.08	0.11	0.04	0.06	0.04	0.03

2. 给出评语集合 U

关于土地退化的程度，一般分为 4 级或 5 级，前者包括未退化、轻度退化、中度退化和重度退化（唐治诚等，2002）；后者包括未退化、轻度退化、中度退化、重度（严重或强度）退化、极重度（剧烈或极强度）退化（史德明等，2000；何毓蓉等，1999）。本书选择 5 级制，则土地退化评语集合为 $U=\{U_0,U_1,U_2,U_3,U_4\}=$ {未退化，轻度退化，中度退化，重度退化，极重度退化}。

3. **建立从 $\boldsymbol{A}$ 到 U 的模糊相关矩阵 $\boldsymbol{R}$**

1）确定隶属函数

隶属函数的种类很多，本书采用升（降）半梯形分布，建立一元线性隶属函数，其数学模型（汪培庄，1983）为

$$\mu_1(x)=\begin{cases}1, & x\leqslant x_1(\text{或 } x\geqslant x_1)\\ \left|\dfrac{x-x_1}{x_2-x_1}\right|, & x_1<x\leqslant x_2(\text{或 } x_2\leqslant x<x_1)\\ 0, & x>x_2(\text{或 } x<x_2)\end{cases} \tag{6.1}$$

$\vdots$

$$\mu_i(x)=\begin{cases}\left|\dfrac{x-x_{i-1}}{x_i-x_{i-1}}\right|, & x_{i-1}<x<x_i(\text{或 } x_i<x<x_{i-1})\\ \left|\dfrac{x-x_{i+1}}{x_{i+1}-x_i}\right|, & x_i\leqslant x<x_{i+1}(\text{或 } x_{i+1}<x\leqslant x_i)\\ 0, & x\leqslant x_{i-1},x\geqslant x_{i+1}(\text{或 } x\leqslant x_{i+1},x\geqslant x_{i-1})\end{cases} \tag{6.2}$$

$\vdots$

$$\mu_n(x)=\begin{cases}1, & x\geqslant x_n(\text{或 } x\leqslant x_n)\\ \left|\dfrac{x-x_{n-1}}{x_n-x_{n-1}}\right|, & x_{n-1}<x<x_n(\text{或 } x_n<x<x_{n-1})\\ 0, & x\leqslant x_{n-1}(\text{或 } x\geqslant x_{n-1})\end{cases} \tag{6.3}$$

式中，$x_1,x_2,\cdots,x_i,\cdots,x_n$ 分别为未退化～极重度退化的评价标准（$i=1,2,\cdots,5$），取各退化等级范围值的上下限；x 为某种土地利用类型对于某一评价指标的特征数据；$\mu_i(x)$ 为各指标对不同退化等级的隶属度，可在 [0，1] 区间连续取值。

2）给出单因素评价矩阵 $\boldsymbol{R}$

对于理化性退化、营养性退化，模糊矩阵 $\{R_{ij}\}$ 的下标分别是 2×5、9×5，即 i 是因素集 $\{X_i\}$ 的数量，j 是评语集 $\{U_j\}$ 中评语的种类数量。

矩阵 $\boldsymbol{R}$ 可由 3 个步骤计算得出：①以未退化样地土壤各因子含量作为参照，同时考虑到不同利用类型和不同坡度段各因子的范围值和均值，确定各退化因素集各评判因素的等级标准（据文献（黄成敏等，1993），有改进和补充），

表 6.5　三峡库区紫色土主要指标体系及分值转换方程

退化类型		评判指标	未退化 U_0		轻度退化 U_1	
			值域	转换方程	值域	转换方程
理化性退化	粗化	粗化度	0.10～0.25	80+[20(0.25−x)]/0.15	0.25～0.35	60+[20(0.35−x)]/0.1
	酸化或碱化	pH	7.0～6.0	80+[20(x−6.0)]/1.0	6.0～5.5	60+[20(x−5.5)]/0.5
					7.0～7.5	60+[20(x−7.0)]/0.5
营养性退化	有机质贫化	有机质/%	>2.86	80+[20(x−2.86)]/0.25	2.86～2.06	60+[20(x−2.06)]/0.8
	全N贫化	全N/(g/kg)	>2.45	80+[20(x−2.45)]/0.5	2.45～1.95	60+[20(x−1.95)]/0.5
	碱解N贫化	碱解N/(mg/kg)	>150	80+[20(x−150)]/25	150～125	60+[20(x−125)]/25
	全P贫化	全P/(g/kg)	>1.45	80+[20(x−1.45)]/0.3	1.45～1.15	60+[20(x−1.15)]/0.3
	速效P贫化	速效P/(mg/kg)	>3.80	80+[20(x−3.8)]/1.0	3.8～2.8	60+[20(x−2.8)]/1.0
	全K贫化	全K/(g/kg)	>22.5	80+[20(x−22.5)]/2.5	22.5～20.0	60+[20(x−20)]/2.5
	速效K贫化	速效K/(mg/kg)	>110	80+[20(x−110)]/15	110～95	60+[20(x−95)]/15
	离子交换性能弱化	CEC/(cmol/kg)	>16	80+[20(x−16)]/2	16～14	60+[20(x−14)]/2
	微量元素减损	微量元素综合指数	>35	80+[20(x−35)]/10	35～25	60+[20(x−25)]/10

续表

退化类型		评判指标	中度退化 U_2		重度退化 U_3		极重度退化 U_4	
			值域	转换方程	值域	转换方程	值域	转换方程
理化性退化	粗化	粗化度	0.35～0.45	40+[20(0.45−x)]/0.1	0.45～0.55	20+[20(0.55−x)]/0.1	>0.55	(20×0.55)/x
	酸化或碱化	pH	5.5～5.0	40+[20(x−5.0)]/0.5	5.0～4.5	20+[20(x−4.5)]/0.5	≤4.5	(20x)/4.5
			7.5～8.0	40+[20(x−7.5)]/0.5	8.0～8.5	20+[20(x−8.0)]/0.5	>8.5	(20×8.5)/x
营养性退化	有机质贫化	有机质/%	2.06～1.26	40+[20(x−1.26)]/0.8	1.26～0.46	20+[20(x−0.46)]/0.8	≤0.46	(20x)/0.46
	全 N 贫化	全 N/(g/kg)	1.95～1.45	40+[20(x−1.45)]/0.5	1.45～0.95	20+[20(x−0.95)]/0.5	≤0.95	(20x)/0.95
	碱解 N 贫化	碱解 N/(mg/kg)	125～100	40+[20(x−100)]/25	100～75	20+[20(x−75)]/25	≤75	(20x)/75
	全 P 贫化	全 P/(g/kg)	1.15～0.85	40+[20(x−0.85)]/0.3	0.85～0.55	20+[20(x−0.55)]/0.3	≤0.55	(20x)/0.55
	速效 P 贫化	速效 P/(mg/kg)	2.8～1.8	40+[20(x−1.8)]/1.0	1.8～0.8	20+[20(x−0.8)]/1.0	≤0.8	(20x)/0.8
	全 K 贫化	全 K/(g/kg)	20.0～17.5	40+[20(x−17.5)]/2.5	17.5～15.0	20+[20(x−15)]/2.5	≤15.0	(20x)/15
	速效 K 贫化	速效 K/(mg/kg)	95～80	40+[20(x−80)]/15	80～65	20+[20(x−65)]/15	≤65	(20x)/65
	离子交换性能弱化	CEC/(cmol/kg)	14～12	40+[20(x−12)]/2	12～10	20+[20(x−10)]/2	≤10	(20x)/10
	微量元素减损	微量元素综合指数	25～15	40+[20(x−15)]/10	15～5	20+[20(x−5)]/10	≤5	(20x)/5

注：x 为土壤中该项评判因素的含量或数量；表中列出各退化类型的主要表现形式、评判因素及评判标准，其余略去。

建立了三峡库区紫色土退化评价指标体系（表 6.5）。②依据第 5 章统计得出的不同利用类型下和不同坡度段各因素的特征数据（表 5.1～表 5.7 和图 5.1～图 5.4），根据评判等级将各因素加以分值转换（由表 6.5 可见，土地退化越强，得分值越小），求得不同利用类型和不同坡度段退化土地各评价指标的分值（表 6.6、表 6.7）。③根据上述隶属函数模型式（6.1）～式（6.3），将各因素得分值转换为各因素对评语集 $U=\{U_0, U_1, U_2, U_3, U_4\}$ 的隶属程度，得分值越大，则属 U_0（未退化）的隶属度值越大；得分值越小，则属 U_4（极重度退化）的隶属度值越大。

表 6.6 不同利用类型退化土地各评价指标的分值

土地利用方式	粗化度	pH	有机质	全 N	碱解 N	全 P	速效 P	全 K	速效 K	阳离子交换量	微量元素综合指数
耕地	50.0	61.1	36.5	21.6	31.4	61.3	66.6	64.2	72.4	79.6	36.0
菜地	70.0	98.6	42.0	28.8	46.9	68.7	71.0	69.8	76.3	92.0	62.0
园地	89.3	84.0	52.3	39.6	62.3	70.0	126.0	96.2	103.6	107.7	72.0
林地	68.0	67.6	67.5	58.0	62.7	59.3	73.4	66.4	70.4	87.0	46.0
草地	66.0	46.8	41.3	34.4	34.0	71.3	54.0	48.0	61.3	59.0	40.0
荒地	18.3	42.0	37.5	23.2	25.8	54.7	80.2	50.4	57.3	78.0	40.0
建设用地	26.0	72.8	21.0	16.8	13.3	46.7	46.0	71.6	74.7	111.6	42.0

表 6.7 不同坡度段退化土地各评价指标的分值

坡度段/(°)	粗化度	pH	有机质	全 N	碱解 N	全 P	速效 P	全 K	速效 K	阳离子交换量	微量元素综合指数
0～10	64.0	97.4	39.0	23.6	38.9	61.3	68.6	66.7	75.5	85.8	32.0
10～20	56.0	66.0	41.3	27.6	31.7	68.0	80.2	61.0	66.6	88.8	74.0
20～30	19.3	62.8	39.8	32.0	36.9	62.0	76.2	59.8	70.1	68.8	40.0
＞30	84.0	56.8	41.8	23.6	34.2	50.0	50.0	83.4	81.7	104.3	52.0

4. 模糊综合评判

确定单因素评价矩阵 $\boldsymbol{R}$ 和权重集 $\boldsymbol{A}$ 后，经模糊运算 $\boldsymbol{B}=\boldsymbol{A}\cdot\boldsymbol{R}$，得出综合评判评语集 $\boldsymbol{B}$。其 $b_j(j=0, 1, 2, 3, 4)$ 与 $U_i(i=0, 1, 2, 3, 4)$ 一一对

应。根据最大隶属原则，选取 b_j 中最大值为该种土地利用类型或不同坡度段土地退化的评语，即可判断出是否退化或退化程度。

土地退化是各个因素综合影响的结果，需要整体性指标评判，故模糊运算采用主因素突出型算子（•，V）。（•，V）算子的含义是：对于式子 $b_j=\bigvee_{i=1}^{m}(a_i \cdot r_{ij})$。其中，$m$ 为评价指标值，$i=1, 2, \cdots, m$；$m=11$；$j=1, 2, \cdots, 5$。第一步运算“$\sum a_i \cdot r_{ij}$”，由于权重 a_i 的参与，实际上考虑了该种因子在整个土地退化评价中的作用；第二步运算“$V(a_i \cdot r_{ij})$”则突出了主导因素的作用。因而由此得出的评语是符合综合分析和主导因素相结合原则的。

按照上述步骤，可求得不同利用类型和不同坡度段紫色土坡地土地退化等级（表 6.8、表 6.9）。

6.3　土地退化模糊综合评判结果分析

6.3.1　不同利用类型土地退化程度

表 6.8 表明，整体而言，各种土地利用类型存在不同程度的退化现象。其中，建设用地退化最为严重，以重度退化为主；其次是荒地和草地（本区草地多为稀疏荒草地），主要为中度退化，相对而言，荒地较草地向重度退化方向发展较快；耕地、林地皆以轻度退化为主，但林地较耕地退化轻；菜地和园地评价虽以未退化为主，但也存在轻度、中度甚至重度退化现象，这两种利用类型退化较轻的主要原因是大量的有机肥和化肥施于此地，使土壤养分含量相对较高，且经营管理精细，故退化较轻。

表 6.8　不同利用类型紫色土坡地土地退化程度

土地利用方式	模糊综合评语集	退化程度
耕地	{0.1343，**0.3707**，0.3282，0.1668，0.0000}	轻度
菜地	{**0.3818**，0.2827，0.2851，0.0504，0.0000}	未退化
园地	{**0.5695**，0.2635，0.1652，0.0018，0.0000}	未退化
林地	{0.3442，**0.6230**，0.0328，0.0000，0.0000}	轻度
草地	{0.0941，0.3739，**0.4768**，0.0552，0.0000}	中度
荒地	{0.1460，0.1455，**0.3869**，0.3088，0.0128}	中度
建设用地	{0.1713，0.1315，0.2122，**0.4371**，0.0479}	重度

6.3.2 不同坡度段土地退化程度

表6.9显示，三峡库区紫色土坡地不同坡度段皆以中度退化为主，但20°～30°和大于30°坡度段紫色土退化较0°～10°和10°～20°更为严重，特别是20°～30°坡度段向重度退化方向发展的速度较快。

表6.9　不同坡度段紫色土坡地土地退化程度

坡度段/(°)	模糊综合评语集	退化程度
0～10	{0.2824，0.2976，**0.3187**，0.1013，0.0000}	中度
10～20	{0.3028，0.2902，**0.3097**，0.0973，0.0000}	中度
20～30	{0.1590，0.2706，**0.3669**，0.1982，0.0053}	中度
>30	{0.2900，0.2150，**0.3922**，0.1028，0.0000}	中度

参考文献

蔡劲松，万新南．2004．岷江上游生态环境地质概况及其质量的模糊评价．水土保持研究，11（2）：113，114，124.

何毓蓉，张丹，张映翠，等．1999．金沙江干热河谷区云南土壤退化过程研究．土壤侵蚀与水土保持学报，5（4）：1-5，38.

黄成敏，何毓蓉，文安邦．1993．四川紫色土退化的分类与分区．山地研究，11（4）：201-208.

卢金发．1998．中国东部亚热带丘陵山地土地退化评价指标体系研究．地理研究，17（4）：345-350.

史德明，韦启潘，梁音，等．2000．中国南方侵蚀土壤退化指标体系研究．水土保持学报，14（3）：1-9.

史志华，蔡崇法，丁树文，等．1999．GIS在三峡库区土壤肥力综合评价中的应用．土壤侵蚀与水土保持学报，5（1）：74-78，96.

唐治诚，钟冰．2002．云阳县旱地土壤退化及防治．水土保持研究，9（4）：133-135.

汪培庄．1983．模糊集合论及其应用．上海：上海科学技术出版社.

章家恩，徐琪．1999．三峡库区秭归县土壤退化综合评价．生态农业研究，7（1）：32-35.

Andrews S S，Mitchell J P，Mancinelli R，et al. 2001. On farm assessment of soil quality in California's central valley. Agronomy Journal，(94)：12-23.

FAO. 1976. A framework for land evaluation. Soil Bulletin，(32).

Doran J W，et al. 1994. Defining Soil Quality for a Sustainable Environment. New York：Soil Science Society of America.

Michael J S，Stephanie E. 1999. Soil quality. Interdisciplinary Aspects of Soil Science.

Pennock D J，Anderson D W，et al. 1994. Landscape-scale changes in indicators of soil quality due to cultivation in Saskatchewan，Canada. Geoderma，64：1-9.

Smith J L，Halvorson J J，et al. 1993. Using multiple-variable indicator kriging for evaluating soil quality. Soil Science Society of America Journal，57：743-749.

第7章　三峡库区土地利用特征与土地退化驱动因子

7.1　土地利用特征

1. 土地资源不足，人地矛盾突出

三峡库区土地总量不大，2002年人均不足0.52hm^2，低于全国人均0.91hm^{2}的水平。其中，人均草地、林地低于全国平均水平，目前库区的土地利用率达99%，垦殖指数为44.5%，土地垦殖已近极限（王鹏等，2004）。

2. 土地利用不尽合理，生态环境恶化

主要表现为：①陡坡面积大。在4971.90hm^{2}新垦耕地中，海拔高度大于500m的占56.15%，坡度大于15°的占72.42%，坡度大于25°的陡坡耕地占43.5%。②植被覆盖率低。三峡库区森林覆盖率为19.5%，部分县（区）仅为3%。③畜牧业用地超载过牧，大片草场资源被破坏。④库区自然灾害类型多，特别是崩塌、滑坡、泥石流、地裂缝时有发生。

3. 旱、坡地面积大，水土流失严重，土地质量下降

表现为：①耕地中旱地、山坡面积大。三峡库区地貌以山地丘陵为主，二者达95.7%，河谷平坝仅占4.3%。旱地为8.6×10^5hm^2，水田为4.7×10^5hm^2，中低产田面积占78%。坡耕地的"三跑"（跑水、跑土、跑肥）使土地退化严重。据重庆市农业局的典型试验，坡耕地每年产生的土壤侵蚀量占总侵蚀量的60.6%。②水土流失严重。有关资料显示，目前三峡库区中度流失土地面积占流失总面积的46%，强度以上流失的占36%，无明显流失的仅占6.3%。库区坡耕地的土层年均减薄0.7～1.5cm，严重流失土壤的有机质含量约为轻度流失土壤的1/10，全N、速效P、速效K的含量约为1/5，每年流失的N、P、K纯量达4.1×10^6t。土壤质地沙化和石质化。③耕地中有效灌溉面

积少。库区可灌溉的面积占耕地总面积的35%，低于全国平均46.3%的水平。④耕地土壤养分低。有机质量小于1%的面积占总耕地面积的47%。

7.2　土地退化主要驱动因子

影响某一地区水土流失程度的因素可分为自然因素和人为因素两类。自然因素包括母岩、地貌、气候、土壤、植被等地理生态环境要素，而人为因素主要是指人类征服自然和改造自然的各种活动。

从全球范围来看，不当的人类活动是土地退化的主要驱动力量（Villamil et al.，2001)，土壤侵蚀是土地退化的主要形式之一。而全球的土地退化中，水蚀影响占56%（Levia，1999)。三峡库区紫色土面积占土地总面积的19%～40%，其中紫色土坡耕地占耕地面积的78.7%。在紫色土分布区，由于紫色土本身的特性与自然环境，水土流失已成为紫色土退化的最主要形式。对三峡库区紫色土分布区进行主成分分析表明，降雨、径流在土壤侵蚀影响因子中贡献率为50%～70%，地形因子占10%～20%，土壤类型（包括土地利用类型等）占15%（陈国阶等，1995)。

7.2.1　自然因子

1. 地形

构造运动影响的三个褶皱带控制着库区的北东、南西方向，形成盆周中、低山相对抬升，中部背斜山岭发育形成低山丘陵，支流顺山势走向汇入长江，比降大，上下游落差超过百米。两岸山地与河谷盆地相对高差悬殊，江面海拔高程为89～160m，两岸山地为1000～2500m。山地和丘陵面积较大，占库区总面积的95.7%，其中山地占74%，地形坡度小于5°的面积仅占总面积的10.2%，5°～15°的占15.8%，15°～25°的占30.5%，大于25°的占43.5%。起伏的地形为土壤侵蚀提供了条件。

影响土壤侵蚀的地形因素，包括坡度、坡长、坡形和坡向。

坡度：地面坡度是决定径流冲刷力的基本因素。地面坡度越大，径流速度越大，土壤侵蚀量也越大（中国科学院成都分院土壤研究室，1991)(表7.1)。

表 7.1 坡度与水土流失量的关系

观测地点	坡度/(°)	径流量/(t·hm^{-2})	径流量/%	土壤侵蚀量/(t·hm^{-2})	土壤侵蚀量/%	成土母岩（地层）
江津	5	1461.0	100	13.1	100	自流井组 沙溪庙组 遂宁组 蓬莱镇组
	10	1485.0	101.5	19.3	148.1	
	15	2743.5	187.7	39.4	301.5	
	20	2052.0	140.4	26.2	200.8	
	25	1639.5	112.1	32.5	249.2	
遂宁	5	631.7	100	7.1	100	遂宁组
	10	813.3	128.8	68.7	961.2	
	15	1031.6	163.3	92.7	1296.8	
	20	1133.9	179.5	109.5	1532.8	
	25	1760.0	278.6	148.2	2074.5	

坡长：坡长影响径流速度和径流量。当坡度和其他条件相同时，水力侵蚀强度取决于坡长。坡面越长，径流速度就越大，汇聚的流量也越大，因而其侵蚀力就越强，并随降雨条件而异（辛树帜等，1982）。

（1）在特大及较大暴雨情况下，雨强超过 0.5mm·min^{-1}，坡长与径流量、冲刷量均成正相关。

（2）在雨强较小或雨强较大而持续时间很短的情况下，坡长与径流量成反相关，与冲刷量成正相关。

（3）在一次降雨量只有 3～5mm，雨强很小，历时也很短的情况下，坡长与径流量、冲刷量均成反相关。

研究表明，紫色土的水土流失与坡长多成反相关（中国科学院成都分院土壤研究室，1991）（表 7.2）。这可能是由于紫色土富含母岩碎屑，粒度粗，搬运途中易于堆积。

坡形：紫色丘陵一般有直线形坡、凸形坡、凹形坡和台阶形坡。坡形对水力侵蚀的影响，实际上就是坡度、坡长两个因素综合作用的结果。直线形坡（平直坡）坡度上下一致，下部集中径流较多，流速较大，侵蚀较上部强烈；凸形坡上缓下陡，侵蚀较直线形坡下部更强烈；凹形坡上陡下缓，中部侵蚀强烈，下部减弱，常有沉积；台阶形坡台阶部分侵蚀少，并有沉积，但台阶边缘容易发生沟蚀。

表 7.2　坡长与水土流失的关系

坡长 /m	小区个数	种植作物	径流量 /(t·hm^{-2})	径流量 /%	土壤侵蚀量 /(t·hm^{-2})	土壤侵蚀量 /%	说明
5	17	玉米套红薯	4389.0	100	64.8	100	径流量与土壤侵蚀量为各小区平均值
10	17	玉米套红薯	1702.5	38.8	39.7	61	
15	17	玉米套红薯	3289.5	74.9	25.9	40	

坡向：坡向对侵蚀的影响主要是阴坡、阳坡的水热条件不同，同时也和降雨时的风向有关。同一地区，山丘相对高度和坡度越大，差异越明显。据观测，阴坡土壤水分含量高于阳坡，气温、地温和土壤蒸发则低于阳坡。在相同降雨条件下，同期的土壤水分阴坡总是高于阳坡。由于不同坡向土壤水热条件不同，植物生长状况亦各异，从而导致不同坡向侵蚀状况的变化。在自然状况下，阴坡比阳坡水热变化小，岩石风化慢，土壤湿润，天然植被较好，侵蚀较微弱。

2. 气候

降雨径流是土壤侵蚀的主要气候因子，尤以暴雨为甚。降雨侵蚀力是通过能量反映出来的，能量的大小与雨滴直径、降雨强度和速度成正比。当雨滴垂直降落到地面时，最高速度可达 7～8m·s^{-1}，具有巨大的冲击力。尤其暴雨时，雨滴打击地面，能使土粒从原位分离、碎裂，击溅到空中。以四川盆地紫色丘陵区为例，夏季产流的中雨一般多于 20 次，占同期降雨量的 70%以上（中国科学院成都分院土壤研究室，1991）。据定位观测资料，坡耕地(20°）产生坡面径流的临界值雨强为 4mm·min^{-1}，降雨量为 12.5mm；从中雨至大雨，雨型每增加一级，土壤流失量将翻一番（吕甚悟等，1992）。大雨产生的径流量占全年的 1/3，土壤侵蚀量占了 41%。暴雨造成的水土流失量占全年的 1/3 多，可见雨强的作用明显高于降雨量（表 7.3）。

3. 母岩

紫色泥岩为钙质胶结，固结性差，易受溶解 CO_2 的雨水影响。岩石中 $CaCO_3$溶解，胶结能力下降，组织松软，抗压强度低（1000～2000t·m^{-2}）。紫色母岩矿物组成复杂，其膨胀系数差异悬殊，含深色矿物多，吸热快，冷热

表 7.3　不同雨型引起的水土流失状况

雨型	雨量级 /(mm·d^{-1})	产生径流的降雨次数	径流总量 /(m^3·h^{-1}·hm^{-2})	每次侵蚀量 /(t·h^{-1}·hm^{-2})	侵蚀量合计 /(t·h^{-1}·hm^{-2})	占总侵蚀量比例/%
中雨	10～25	39	26625	35.4	705	13.2
大雨	25～50	35	51660	71.1	2184	40.8
暴雨	50～100	12	53370	157.5	1893	35.4
大暴雨	≥100	2	27900	285.0	570	10.6

干湿胀缩变化剧烈，膨胀系数达 0.06～0.08。节理和近地表网状风化裂隙发育，易于崩解剥离，形成 0.15～40mm 的碎屑物。裸露岩面能迅速形成大量松散碎屑，为母质侵蚀提供大量物质来源（中国科学院成都分院土壤研究室，1991）。据史德明等测定，直径 20～40mm 的紫色母岩石块，置于旷野下日晒雨淋 2 个多月后（4 月中旬至 6 月下旬），按重量计算，有 65%～93%的岩块崩解为小于 4cm 的碎屑物。崩解的碎屑物在降雨，特别是暴雨冲刷下，很快随地表径流而丧失，使下层的紫色母岩出露，接受新一轮的风化剥蚀。

水土流失除与砂岩、泥岩抗蚀性能有关外，与岩石的化学性质和风化程度也有一定关系。侏罗系沙溪庙组为砂、泥岩互层，砂岩比重可达 50%，风化壳属弱碳酸盐型，具有高硅性和持水力强的特点，透水性较好，风化程度不高。这种母岩上发育的土壤比在自流井、蓬莱镇和遂宁组等泥岩比例高的母岩上形成的低硅性土的抗冲性强。

此外，三峡库区古地层的板岩、千枚岩、黏土层等软弱易碎，很容易受到水蚀。山势越陡峻侵蚀越严重，特别是在岩层断裂带，在水力及重力侵蚀下，更易引起泥石流、滑坡，造成严重的水土流失，河道阻塞，水库淤积。

4. 土壤

土地退化发生的程度还取决于土壤特性。土壤是侵蚀发生的对象，其渗透性、抗蚀性、抗冲性及厚度等因素直接影响着侵蚀过程（王晖等，2007）。三峡库区的地带性土壤主要有黄壤、黄棕壤和棕壤，非地带性土壤主要有紫色土、石灰土、粗骨土、水稻土、潮土等。黄壤、黄棕壤与石灰土一般质地黏重，透水性差，易于产生地表径流，一旦植被消失，土壤有机质迅速分解，良好的土壤结构遭到破坏，土壤抗蚀性能减弱，易发生水土流失；而在紫色砂泥岩地区发育的紫色土和风化花岗岩地区发育的粗骨土透水性虽较好，但土层较浅薄，在失去植被保护、降雨较大的情况下，易发生强烈侵蚀。

7.2.2 人为因子

1. 植被破坏

水蚀是库区土地退化的主要形式，植被覆盖度的减少又是土壤侵蚀加剧的重要因素。全球尺度上导致水蚀的因素中，森林破坏占43%（Villamil et al.，2001）。20世纪50年代初，库区各县森林覆盖率尚有30%～50%。之后由于人口增多，燃料、用材林的匮缺，导致乱砍滥伐，毁林毁草，特别是大炼钢铁、十年动乱和林权变动期间，森林资源屡遭破坏，加之林业经营重采轻造，管护乏力。50～90年代，三峡库区森林面积和蓄积量急剧减少。目前三峡库区森林覆盖率仅为19.5%，沿江两岸不足5%，与水库安全要求的覆盖率35%～40%相差甚远；而且品种单一，用材林占87%，经济林、防护林、薪炭林仅占13%。管理上重采轻造，许多火烧、采伐迹地裸露。此外在灰岩区还有灌丛草坡，植被覆盖率虽为35%，但由于放牧和垦殖也加剧了水土流失。还有一些支流沿岸的植被，由于耕垦、建筑、交通建设等几乎被砍伐殆尽，重力侵蚀加剧，垮塌、滑坡随处可见（张崇庆，2002）。

森林的减少除了造成水土流失剧烈外，还引起农村“四料”（饲料、肥料、燃料、木料）奇缺，广大农田失去有机物源，致使耕地土壤有机质和其他养分含量普遍减少，大面积土地出现营养性退化，肥力降低（表7.4）。据估算，万州区年均因水土流失而损失有机质 1.578×10^6 t、N 9×10^4 t、P 5.2×10^4 t、K 1.980×10^6 t（陈治谏等，2004）。

表7.4　紫色土退化与母质、覆盖率和侵蚀的关系（何毓蓉等，1993）

地区	紫色母岩类型	植被覆盖率/%		侵蚀模数 /(t·km^{-2}·a^{-1})	土地退化状况（与紫色土耕地面积比）/%			
		覆盖率（>70%）	裸地		板结化	瘠薄化	有机质贫化	氮素贫化
遂宁	J_3s 为主的砂岩泥岩	0	7.5	9831	26.0	34.1	27.9	19.3
内江	J_2s 为主的砂岩泥岩	0	8.3	8442	9.1	3.1	45.7	51.6
南充	J_3p、J_2s 等的砂岩泥岩	0	4.8	7371	1.7	34.8	76.4	8.0
乐山	k_2j 为主的砂岩泥岩	14.5	11.3	5952	16.1	4.2	42.2	34.4
达川	J_2s、k_1c 等的砂岩泥岩	2.8	20.7	5808	36.5	34.8	36.0	58.0

续表

地区	紫色母岩类型	植被覆盖率/%		侵蚀模数/$(t \cdot km^{-2} \cdot a^{-1})$	土地退化状况（与紫色土耕地面积比）/%			
		覆盖率（>70%）	裸地		板结化	瘠薄化	有机质贫化	氮素贫化
宜宾	k_2j、J_2s 等的砂岩泥岩	2.1	22.3	5420	37.3	7.1	12.8	31.4
广元	k_1c 为主的砂岩泥岩	10.0	7.3	4147	8.8	21.3	0.7	1.8
万州	J_2s、J_3s、J_3p 等的砂岩泥岩	18.6		3798	16.8	28.1	28.6	38.6

注：J_3s 为上侏罗统遂宁组；J_2s 为中侏罗统沙溪庙组；J_3p 为上侏罗统蓬莱镇组；k_2j 为上白垩统夹关组；k_1c 为下白垩统城墙岩群。

2. 坡耕地多，垦殖率高

三峡库区农业生产方式落后，生产力水平低，耕地后备资源不足。随着人口的快速增长，为了满足日益增长的生产生活需求，人们不是大力在耕作方式上求得进步，而是不顾资源再生能力，为扩大耕作面积，以开垦坡地、广种薄收来满足粮食之需。据典型调查，山区每增加 1 人，相应增加坡耕地 0.13～0.17hm^2，结果垦殖率越来越高，垦殖坡度越来越陡，土壤侵蚀量成倍增加（张崇庆，2002)。三峡库区现有坡耕地约占耕地总面积的 74%，其中大于 25°的坡耕地占总数的 18.5%，有的耕作坡度竟达 60°左右（胡勇等，2008)，垦殖指数为 44.5%，因此土地退化现象普遍（表 7.5)。

表 7.5　紫色土坡地坡度与水土流失关系

地点	坡度/(°)	侵蚀模数/$(t \cdot km^{-2} \cdot a^{-1})$	流失土层厚度/mm
四川遂宁（四川省农牧厅等，1994）	10	5100	3.9
	15	8745	6.5
	20	11610	8.6
	25	15900	11.8
湖南祁东（湖南省农业厅，1989）	11	2250	1.5
	18	4355	2.9
	>25	12470	8.3

3. 耕作措施不当

传统耕作，如顺坡耕种，使坡面径流集中在垄沟里自上而下排泄，可加剧土壤侵蚀。在三峡库区，顺坡耕种极为普遍，是诱发坡耕地水土流失严重的主要原因之一。另外，忽略土壤肥力的维护，重耕轻养，过度利用，也是导致紫色土肥力退化的重要因素。

4. 种植制度不合理

坡耕地的水土流失除受上述因子影响外，还受作物布局、作物种类、生长季节等的影响（陈治谏等，2004）。三峡库区现行坡耕地种植制度主要为两熟和三熟制，海拔500m以下多为三熟制，500～800m基本上是两熟制，而800m以上则为一熟制。从种植制度的配置结构看，重粮食作物轻经济作物的倾向十分明显，而在粮食作物搭配上又重禾薯类耗地作物，轻豆类养地作物，导致坡耕地地力衰退，作物的增产越来越依赖于化肥。库区大部分坡耕地为小麦-玉米、小麦-花生、小麦-甘薯、油菜-玉米等两熟制，雨季来临时，坡地覆盖度很低，如套种玉米的麦地或豌豆地，覆盖度一般仅为50%～55%，加之春耕不久，土壤疏松，抗蚀力低，遇暴雨则大量流失。

5. 开发建设项目未采取水土保持措施

由于缺乏有效的监督管理，一些地区不仅在陡坡开荒，滥伐林木现象也未能有效制止；而且随着山区建设和移民开发的推进，交通、矿业、建筑、水电等部门在开采、基建作业过程中，往往忽视必要的水土保持措施，随意弃置废土、废石、矿渣和尾沙，造成新的水土流失。由于破坏大于治理，流域水土流失日益加剧。

由上可知，水土流失的自然因素和人为因素并不是孤立的，它们之间相互联系相互制约。库区山高坡陡，很多母岩成土过程快、质地松软、易于风化，土层疏松，加上降雨集中、强度大，水力冲蚀作用强烈，是水土流失发生的自然基础。随着库区人口的增加，森林植被减少和陡坡开垦面积加大，不合理的耕作方式和耕作制度，以及未采取有效水保措施的开发建设项目等人为因素，是水土流失加剧的原因。当植被良好的时候，大部分地区因自然侵蚀而造成的水土流失并不严重，只有在不当的人为因素参与之后，土壤的侵蚀作用才被加强。由于人为因素的加入，反过来又促进了自然因素对土壤侵蚀的作用，使得水土流失不断增加，形成恶性循环。尤其是大量森林采伐之后，水土流失量更是显著增加。随着社会经济的发展，人为因素在水土流失中的作用变得越来越突出。因此，在防治水土流失的同时就必须从人和自然这两个主题同时出发，使人与自然环境处于协调的平衡关系中和谐发展。

参考文献

陈国阶，徐琪，杜榕桓，等. 1995. 三峡工程对生态与环境的影响及对策研究. 北京：科学出版社.

陈治谏，廖晓勇，刘邵权，等. 2004. 三峡库区坡耕地持续性利用技术及效益分析. 水土保持研究，11（3）：85-87.

湖南省农业厅. 1989. 湖南土壤. 北京：中国农业出版社.

胡勇，张晟，郑坚，等. 2008. 三峡库区水土流失状况及防治对策. 安徽农业科学，36（3）：1147-1149.

吕甚悟，李君莲. 1992. 降雨及土壤湿度对水土流失的影响. 土壤学报，19（1）：94-103.

四川省农牧厅，四川省土壤普查办公室. 1997. 四川土壤. 成都：四川科学技术出版社.

王晖，廖炜，陈峰云，等. 2007. 长江三峡库区水土流失现状及治理对策探讨. 人民长江，38（8）：34-26，50.

王鹏，曹学章，董杰. 2004. 三峡库区土地利用变化的特征与趋势. 资源开发与市场，(6)：433-435，472.

辛树帜，蒋德麟. 1982. 中国水土保持概论. 北京：中国农业出版社.

张崇庆. 2002. 三峡库区水土流失及其防治对策. 中国水土保持，(6)：9，10.

中国科学院成都分院土壤研究室. 1991. 中国紫色土（上篇）. 北京：科学出版社.

Levia D F. 1999. 土地为什么持续退化. AMBIO，28（2）：200，201.

Villamil M B，Amoitli N M，Peinemann N. 2001. Soil degradation related to overgrazing in the semi-arid southern Caldenal area of Argentina. Soil Science，166：441-452.

第 8 章　三峡库区退化土地生态系统恢复与重建对策

8.1　恢复生态学的概念及理论基础

8.1.1　恢复生态学的概念

恢复生态学（restoration ecology）是 20 世纪 80 年代迅速发展起来的现代生态科学的分支学科。恢复生态学具有理论性和实践性，从不同的角度看会有不同的理解，因此关于恢复生态学的定义有很多，其中具有代表性的主要包括：①生态恢复是研究生态系统自身的性质、受损机理及修复过程（Jordan et al.，1987）；②Diamond（1987）认为，生态恢复就是再造一个自然群落，或再造一个自我维持、并保持后代具有持续性的群落；③美国自然资源委员会（The US Natural Resource Council）认为，使一个生态系统恢复到较接近其受干扰前的状态即为生态恢复（Cairns，1995）；④国际恢复生态学会认为，生态恢复是帮助研究生态整合性的恢复和管理过程的科学，生态整合性包括生物多样性、生态过程和结构、区域及历史情况、可持续的社会实践等广泛的范围（Jackson et al.，1995）；⑤余作岳等（1996）认为，恢复生态学是研究生态系统退化的原因、退化生态系统恢复与重建的技术和方法、生态学过程与机理的学科等。

上述定义包含几层意思：①恢复生态学是一门应用与理论研究结合的科学；②恢复生态需要人工干预；③恢复过程可能是自然恢复，逼近原生生态系统或根据人类自己的需要对生态系统进行重建以达到人类的目的。

8.1.2　恢复生态学的理论基础

目前，自我设计和人为设计理论（self-design versus design theory）是唯一从恢复生态学中产生的理论（Vander，1999）。自我设计理论认为，只要有足够的时间，随着时间的进程，退化生态系统将根据环境条件合理地组织自己并会最终改变其组分。而人为设计理论认为，通过工程方法和植物重建可直接恢复退化生态系统，但恢复的类型可能是多样的。这一理论把物种的生活史作为植被恢复的重要因子，并认为通过调整物种生活史的方法就可加快植被的恢复。这两种理论不同点在于：自我设计理论把恢复放在生态系统层次考虑，未考虑到缺乏种子库的情况，其恢复的只能是环境决定的群落；而人为设计理论把恢复放在个体或种群层次上考虑，恢复的可能是多种结果（Middleton，1999；Vander，1999）。

恢复生态学应用了许多学科的理论，但最主要的还是生态学理论。这些理论主要有：限制性因子原理（寻找生态系统恢复的关键因子）、热力学定律（确定生态系统能量流动特征）、种群密度制约及分布格局原理（确定物种的空间配置）、生态适应性理论（尽量采用乡土种进行生态恢复）、生态位原理（合理安排生态系统中物种及其位置）、演替理论（缩短恢复时间，极端退化的生态系统恢复时，演替理论不适应，但具指导作用）、植物入侵理论、生物多样性原理（引进物种时强调生物多样性，生物多样性可能令恢复的生态系统稳定）、缀块-廊道-基底理论（从景观层次考虑生境破碎化和整体土地利用方式）等（任海等，2001）。

8.2 生态系统修复的机理和意义

8.2.1 生态系统修复的机理

1. 生态系统恢复

生态系统恢复是针对生态系统破坏或损毁而言的。生态恢复是指终止人为的破坏和干扰，缓解生态系统可承受的负载和压力，依靠生态本身的自适应、自组织或自调控能力，按其自身规律演替，通过漫长的休养生息过程，使生态系统向初始或自然状态演化。恢复原有生态功能和演变规律，完全依靠大自然本身的推进过程。

2. 生态系统修复

为了加快已遭破坏生态系统的恢复，还可以采用人为措施为生态系统“输氧”、“补血”，进而加快恢复。这种机理被称为生态系统修复。生态系统修复强调以自然演变为主，进行人为引导，加速自然演化过程以恢复地表植被，控制水土流失，防止生态系统的进一步恶化。

3. 生态系统重建

生态系统重建是指对已被破坏的生态系统进行规划、设计，建设生态工程，加强生态系统管理，使其恢复健康，创建和谐、高效、可持续发展的生态环境系统。

8.2.2　生态系统修复的意义

（1）生态系统修复体现了人与自然和谐相处的理念。实施生态系统修复，防治水土流失是天、地、人三者关系相互协调的过程。以往太多的痛苦和教训使人们认识到，违背自然规律，以破坏生态环境为代价发展经济的做法，再也不能继续了，必须树立人与自然和谐相处的理念，发展经济必须与保护环境协调统一，建立良性循环的生态系统，充分发挥生态系统的自我维护功能，利用自然力量对退化的生态系统进行恢复。

（2）生态系统修复体现了保护生态就是保护生产力，建设生态就是发展生产力的理念。保护生态有时使局部地区和眼前利益受损，但从整体和长远利益来看，保护良好的生态环境可获得较好的经济效益和社会效益。

（3）生态系统修复创造了“以小促大”的防治新方法。“以小促大”就是小范围治理开发，大面积恢复保护植被。人工治理与自然恢复是水土保持生态系统修复中的两个方面，二者相辅相成，不可偏废。一般情况下，生产、生活较好的地区，可采取生态系统自我修复为主的措施；对水土流失严重、生态环境脆弱，生产、生活条件差的地区，只采取封禁、封育措施，是不能快速实现生态系统修复和水土保持目标的；而是必须采取必要的人工治理，才能有效地控制水土流失，加快生态系统恢复。

8.3　退化生态系统恢复与重建的基本原则

退化生态系统的恢复与重建要求在遵循自然规律的基础上，通过人类的作用，根据技术上适当、经济上可行、社会能够接受的原则，使受害或退化生态系统重新获得健康并有益于人类生存与生活的重构或再生过程。生态系统恢复与重建的原则一般包括自然法则、社会经济技术原则、美学原则3个方面。自然法则是退化生态系统恢复与重建的基本原则，也就是说，只有遵循自然规律的恢复重建才是真正意义上的恢复与重建，否则只能是背道而驰，事倍功半；社会经济技术原则是退化生态系统恢复重建的后盾和支柱，在一定尺度上制约着恢复重建的可能性、水平与深度；美学原则是指退化生态系统的恢复重建应给人以美的享受。

8.4 退化土地生态系统恢复与重建的步骤和技术体系

8.4.1 退化土地生态系统恢复与重建的一般步骤

一个复合生态系统或景观生态系统，在遭到强度干扰，严重退化的情况下，若不及时采取措施，退化状态就会进一步加剧，直至自然恢复能力丧失和长期保持退化状态。要对退化土地生态系统进行人工修复，其修复与调控的一般步骤主要包括：①停止或减缓使土地生态系统退化的干扰，如乱砍滥伐、过度放牧、陡坡垦荒、围湖造田等行为；②对退化土地生态系统的退化程度、退化等级、可能修复的前景等进行调查和评价；③根据对退化土地生态系统的调查结果，提出生态系统修复的规划，并进行具体修复措施的设计；④根据规划要求和设计方案，实施退化土地生态系统的修复措施，包括土地生态系统组成要素、生态系统结构和功能的修复。

8.4.2 退化土地生态系统恢复与重建的技术体系

恢复与重建技术是恢复生态学的重点研究领域，但目前是一个较为薄弱的环节。由于不同土地退化生态系统存在着地域差异性，加上外部干扰类型和强度的不同，结果导致土地生态系统所表现出的退化类型、阶段、过程及其响应机理也各不相同。因此，在不同类型退化土地生态系统的恢复过程中，其恢复目标、侧重点及其选用的配套关键技术往往会有所不同。尽管如此，对于一般退化土地生态系统而言，其恢复与重建的技术体系（任海等，2001）如表8.1所示。

表8.1 退化土地生态系统的恢复与重建技术体系

恢复类型	恢复对象	技术体系	技术类型
退化土地生态系统	土壤	土壤肥力恢复技术	少耕、免耕技术；绿肥与有机肥施用技术；生物培肥技术；化学改良技术；聚土改土技术；土壤结构熟化技术
		水土流失控制与保持技术	坡面水土保持林、草技术；生物篱笆技术；土石工程技术（小水库、谷坊、鱼鳞坑等）；等高耕作技术；复合农林牧技术
		土壤污染与恢复控制及恢复技术	土壤生物自净技术；施加抑制剂技术；增施有机肥技术；移土客土技术；深翻埋藏技术；废弃物的资源化利用技术

8.5 三峡库区退化土地生态系统恢复与重建对策

自然生态系统的破坏多以毁林开垦和乱砍滥伐森林为开始，由此导致土地退化。所以防治紫色土坡地土地退化的关键措施就是应该恢复和重建紫色土的生态保护系统。根据退化土地生态系统恢复与重建的步骤和技术体系，针对三峡库区紫色土坡地不同退化特征和退化程度，其恢复与重建的措施应区别对待，因（程、坡）度而异。

8.5.1 不同侵蚀退化程度土壤肥力恢复与重建措施

1. 轻度侵蚀退化土壤肥力的恢复措施

轻度侵蚀退化的土壤，保留着较好的植被，遭受较轻的侵蚀作用，因而保持有完整的土壤剖面构型；残留的发生A层厚度大于原有A层厚度的1/2，土壤保持了较高的自然肥力；在地表外观上，看不到大面积连片的侵蚀斑块；小面积的侵蚀斑块上，只出现面蚀和细沟侵蚀，没有明显的切沟出现；植被覆盖度一般达80%左右，土壤流失量在2000t · km^{-2} · a^{-1}以下。

由于这类土地退化程度较轻，只要采取封禁措施，土壤肥力可迅速得到恢复。封禁措施就是在退化土地区实行封山育林，禁止人畜进山砍树、割草、耙树叶、放牧等，让植被和土壤肥力逐步恢复。

2. 中度侵蚀退化土壤肥力的恢复措施

中度侵蚀退化土壤不具有自然肥力；土壤发生A层已丧失，但发生B层保存完整；地表植被覆盖率在50%～80%；地面侵蚀以面蚀和浅沟侵蚀为主，土壤侵蚀量可达2000～5000t·km^{-2}·a^{-1}。

由于这类土壤保留有完整的发生B层，其土壤的性状和抗蚀性能较好，采取生物措施后，土壤肥力可得到恢复。生物措施可分两部分进行：对植被分布较均匀的地面，可在其间补栽乔木或灌木，使其在短期内植被覆盖度达到80%以上；在植被破坏面积较大的情况下，则应采用快速绿化措施，做法是在光坡面上普遍栽植胡枝子。

3. 重度及极重度退化土壤肥力的恢复措施

重度及极重度退化土壤的发生A层和发生B层均已流失，仅残留土壤母质层；土壤粗骨化明显，养分缺乏，保水保肥性能差；土壤流失量在5000t·km^{-2}·a^{-1}以上；在这类退化区，土壤侵蚀类型除面蚀外，沟蚀和重力侵蚀普遍，常见塌方崩岗侵蚀。

由于具有肥力的土壤物质层全部流失，而且水土流失造成的地表千沟万壑，恢复重建土壤肥力难度很大。在恢复重建措施上，必须分两步进行：第一步是做好水土保持工程；第二步是实施水保生物模式和相应的肥力恢复重建模式。

8.5.2　退化土地生态系统功能恢复与重建的综合技术措施

不同土地利用类型，其退化机理和退化程度不同，因此，其恢复重建的技术措施也应不同。为了防止三峡库区紫色土坡地退化，提高土地系统生产潜力，实现紫色土丘陵区的农业可持续发展，必须因地制宜，对不同利用类型退化土地生态系统进行恢复与重建。

1. 退化坡耕地的恢复与重建

一般来说，退化土地恢复重建综合技术包括工程的、生物的和生物-工程相结合的以及农耕农艺在内的技术等。针对三峡库区引起紫色土坡耕地退化的关键因素，其恢复重建的综合技术可概况为如下几个方面。

1）坡改梯整治技术

坡改梯是我国整治坡耕地的传统方法。经多年监测，坡改梯减缓坡度后，其径流量比陡坡耕地减少 62%～67%，侵蚀产沙量可减少 97.8%～99%（蔡强国等，1998）。梯田还能保持土壤肥力，促进土壤的熟化，实现稳产高产。但对石坎梯田来说，其工程量大，造价高，且受地质地貌条件、岩料种类、降水特征、堆砌技术影响而具有不同的稳定性。就紫色砂页岩而言，抗压能力低（100～200kg · cm^{-2}），容易风化，暴露地面的岩体 10 年内即可风化成土。由此而修筑的梯田稳定性差，维护困难，同时，石坎占地（一般占坡面的10%～20%）无产出，因而其推广具有一定的局限性。

过去在坡耕地改造过程中，往往过分强调平整。但实践证明，过分要求平整，将给坡耕地改造带来负面效应，主要表现为改平后不仅作物实际播种面减少，而且工程量加大，成本提高。15°～20°坡地改平后，其播种面将减少 3.41%～6.03%（张建华等，2001），从而有可能使改造后的产量不如改造前的。因此，为了节省改造成本和不过多减少播种面，可因坡而异，在不妨碍农事活动的情况下，通过农耕措施把水土流失控制在要求的范围内。如对于小于 15°的坡地，沿等高线修筑台式梯地，在土层较厚或较为开阔地段修筑水平梯地；而在地块狭窄地段可修成具有一定斜度的坡式梯地；土层较薄、地形较陡的地方或低产区，可修成坡式梯田，再逐步形成水平梯田。对于 15°～25°的坡地可考虑其地形条件，沿等高线修筑 1.5～2.0m 以下的梯埂，台面宽 3～5m，可为果、林、粮间作创造条件。25°以上的陡坡耕地，选用当地树种或经过引种试验选用适宜的退耕主体林种，采用一次性退耕还林还草和封山育林，防止耕作造成的土壤侵蚀，尽快恢复林下植被。

实践证明，在岩料来源丰富、生产力水平较高地区，石坎梯田仍不失为一种好途径。在修筑土坎梯田的区域，应该大力推广梯壁种草，这样既能有效地保护梯壁，又能起到良好的水土保持效果。

2）农耕农艺技术

（1）种植技术。

①横坡种植法。针对坡面水土流失、顺坡冲刷问题，在耕作技术上采用横坡种植农作物的技术，是一种良好的耕作方式。据研究，改传统顺坡种植为横坡间作套种，可使地表径流减少 48%，泥沙流失减少 62%，养分流失减少 16.5%，粮食单产增加 20%（林永如，1997）；等高开“横行”“横带”的横坡等高沟垄两端加挡埂的种植措施，较之横坡等高沟垄一端加挡埂、斜坡沟垄一端加挡埂及顺坡沟垄 3 种种植措施优越，横坡等高沟垄加挡埂能显著减少土

壤流失量和径流量，达到有效保土、保水、保肥和提高粮食产量的目的。

②“目”字形种植。“目”字形种植有蓄水抗旱、增加土温和水土保持的效益，土壤蓄水（0～4cm）较常规平作多 20.55$m^3 \cdot hm^{-2}$，各生育期平均延长抗旱天数 3.3 天，增加土温 0.25～0.94℃，且减少坡地地表径流 78%和泥土流失量 80%（庞学勇等，2002）。

（2）覆盖技术。

①地膜覆盖。能抑制土壤水分蒸发，减少地表径流，蓄水保墒，还能增温保温，保护土壤表层，改善土壤物理性状，培肥地力，抑制杂草和病虫害，提高水分利用率，促进作物生长发育等。一般薄膜层下 40cm 土层的土壤含水量可提高 2%～5%，可提高地温 2～4℃。地膜覆盖的方式因当地自然条件、生产季节、栽培习惯及作物种类而不同，可分为先覆膜后播种、先播种后覆膜。覆盖的方法也可分为行间覆盖、根区覆盖等。

②秸秆覆盖。利用作物秸秆、干草、残茬、树叶等枯死的植物覆盖在土壤表面上。秸秆覆盖材料有麦糠、碎麦秸、碎玉米秸、碎豆秆等，一般多用麦秸和玉米秸秆覆盖。秸秆覆盖能有利于提高土壤的田间持水量，增加土壤水库容量；同时可有效地抑制土壤水分蒸发，增强旱地抗旱能力；也能使地表免遭雨滴直接的冲击，防止地表板结，改善耕层土壤物理性状，促进微生物活动；还能减缓或防止地表径流，增加雨水入渗时间，缓解径流与水分入渗的矛盾；此外，也是增加土壤有机质投入的方式之一，多年连续的秸秆覆盖还田，能够增加土壤有机质，培肥土壤。在 8°和 14°的坡地进行秸秆覆盖，地表径流分别为 14.6mm 和 15.9mm，比对照横坡垄作减少 81.5%和 87.5%；泥沙流失量分别为 0.3$t \cdot hm^{-2}$和 2.2$t \cdot hm^{-2}$，比对照减少 88%和 95%；此外还能使降雨就地入渗，增加土壤含水量 5%～15%（赵燮京等，1999）。

秸秆覆盖法因当地自然条件、作物种类、生产季节而不同。据覆盖时间，秸秆覆盖法可划分为休闲期和作物生育期覆盖。前者是在一年一熟地区，在作物成熟收获后进行覆盖；后者是在作物生育期间进行覆盖。在一年两熟地区，秋收作物多采用免耕秸秆覆盖。

（3）粮经果复合垄作技术。

粮经果复合垄作技术是将聚土垄作技术与农林复合技术相结合，建立由垄、沟、土档配套形成的横坡网格状水保耕作体系。沟内深耕改土、覆盖秸秆或种植豆科绿肥作物予以培肥，充分利用垄、沟造成的小生境的各种优势和不同植物的需光性差异，设计粮经果立体复合种植模式。选择优质高效的农林作物品种，进行优化组合，辅以“果木矮、密、丰、早”栽培管理技术，建立坡耕地生态农业种植体系，提高坡耕地生产力及其应变能力。

研究表明，将聚土免耕和秸秆覆盖技术结合有利于土壤养分活化、土壤结构形成与维护，是紫色土退化旱地肥力恢复与重建的关键技术（朱波等，2002）。

3）植物篱生态过滤网带技术

植物篱生态过滤网带技术是坡耕地农业利用的一种新型技术，由植物篱笆与农地两大利用类型所构成（陈治谏等，2004）。植物篱笆依据生态经济原则筛选适宜的草灌植物，依据不同坡度、岩性和侵蚀强度设计篱带宽度和密度，等高种植形成密集型篱笆，达到防止水土流失的目的。据在三峡库区紫色土坡地所进行的等高活篱笆技术试验表明，这种技术对增加土壤有机质含量、延缓径流及控制土壤流失具有十分明显的作用（许峰等，2000）。以新银合欢、马桑、黄荆等著名的篱笆植物为例，每年从其上修剪下的枝叶可分别为篱间地的土壤提供 24000kg · hm^{-2}、8400kg · hm^{-2} 和 31500kg · hm^{-2} 的绿肥。特别是营养元素含量较高的新银合欢，每公顷所产绿肥含 N 为 924kg、P 为 48kg、K 为 504kg。在坡面上沿等高线种植的篱笆带密闭以后，可以削减径流量，延缓产流过程，增加土壤入渗，并可拦截径流中大部分的土粒。由于篱笆带阻挡了各种因素造成的土壤沿坡面下移，篱间地的坡度不断降低。这些对坡地持续生产力的提高都具有积极意义。

篱带间被农业耕作所用，与植物篱笆共同构成农林复合经营模式。这种模式包括植物生态过滤网带的带间距、带内结构、株距和覆盖度，网带对景观生态、坡地径流、土壤侵蚀的影响和环境效应，网带间农林药草复合结构优化与空间配置体系设计，以寻求模式最佳的保水固土培肥、增产增收的生态和经济功效。

由此可见，植物篱生态过滤网带技术可以极大地减少陡坡地土壤流失，而其投资仅是石坎水平梯田的 10%～20%，是三峡库区退化坡耕地恢复与重建的有效方法（蔡强国等，1998）。

2. 退化林地的恢复与重建

据野外考察，三峡库区的林地多为次生杂木林，覆盖率不高。目前库区林地面积 1.88×$10^6$$hm^2$，森林覆盖度 13.5%，沿江地带仅 5%～7%。由前述评价可知，紫色土坡地林地土壤已发生轻度退化，主要原因是毁林开荒使林木覆盖度下降，地面缺乏更多的植被保护，造成水土流失。笔者认为，根据本区退

化林地资源状况，其恢复与重建的主要措施有以下几个方面。

1）改进林木更新方式和营林技术，防止土壤加速侵蚀和地力下降

坡度小于35°的山区林地的土地退化主要是由传统林木更新方式引起的，改造营林和造林技术是防治这些土地退化的关键。过去在造林过程中，把毁掉的常绿阔叶林代之以种植大片纯针叶林如马尾松、杉木等（黄健民，1999）。这些树木一般凋落物少而分解慢，树木组分中养分释放不多而化学元素单一，不利于林地的物质循环和养分的积累，消耗地力，且水土保持能力较低；同时，纯针叶林树种单一，赖以生存的动物也势必纯一化。结果，森林生态系统食物链简单化，害虫的天敌减少，使病虫害蔓延，如马尾松的松毛虫、杉的毒蛾等，常构成突发性、毁灭性灾害。而营造针阔混交林，既可以比较充分地利用空间的光能，又可以加快林地凋落物层的形成，有利于养分的积累，且生态系统中的食物链比较复杂，可较好地改善土壤结构和控制病虫害，增加林地的抗逆性。因此，今后植树造林，一般应以混交林为宜。当然在总体布局上可以采用小片纯林、大片混交林的形式。

坡度大于35°的山区林地，由于其植被一旦破坏则土壤会在很短的时间内全部剥蚀，对此一定要采取封山措施。

2）增加林地投入，防止地力衰退

在林地管理上，三峡库区存在着只注重产出而忽视投入的问题。林地施肥水平很低，甚至根本不施肥，使林地土壤养分不断耗竭，林地的生产力下降，特别是人工林地生产力的下降更为严重。合理平衡施肥作为现代集约林业必不可少的林地管理措施，今后一定要被重视。

3）开展多种经营，保持林地生态系统可持续利用

三峡库区紫色土坡耕地坡度大于25°的约占耕地面积的24%，在这样的坡地种植农作物必然会带来剧烈的土壤侵蚀，产生土地退化。利用和发挥山地土壤资源本身的优势，退耕还林，因地制宜，积极营造水保林、经果林、防护林、薪炭林和用材林，建立生态型林、农业系统，并开展多种经营，对于保持林地生态系统的持续利用有着重要的意义。

4）种植果木，重建丘陵植被，恢复地力

丘陵地区荒地的采薪破坏了地表植被，形成了土壤表面地被物，这是其土地退化的主要原因。解决农村的能源问题，封山育林，重建这些地区的植被和地被物层是恢复其地力的主要和有效的途径。在部分有条件的地区对这些荒地资源进行开发，种植各种果树则更能收到生态和经济的双重效益。

5）采用立体种植模式改造低产林地，提高土壤肥力

丘陵地区的林地由于土地的退化和管理粗放，大多生长差、盖度低、产量上不去、效益不好。在林间套种一些木本或草本的经济作物，构成有机的立体种植体系，并辅之以精细的管理，既可增加收益，又可增加林地内有机质的积累，提高地力。

3. 退化草地的恢复与重建

三峡库区紫色土分布区多为丘陵与低山，因而普遍形成了立体农业模式，即山坡中上部以林地、草地为主，山坡中下部以果园、坡耕地为主，沟谷与平地则以水田占多数。在这样的立体农业模式中，牧草的发展也因不同的地形而有不同的目的与内容。山丘中上部的荒地是牧草发展的重要对象，大体又可分为两种情况：一种是现有草山草坡的改造，将荒草地建成人工草地；另一种则是水土流失严重的裸地，以水土保持为主要目的而增加植被覆盖。两种不同目的的种草，采取的措施大体相同，均应实行等高带状种植牧草，但二者选择的牧草种类应有所区别。前者应选择品质较好及竞争力强的牧草；后者应选择耐贫瘠的牧草品种，同时还应配合适当的水土保持工程，以免在牧草尚未形成良好覆盖前即遭冲刷。

4. 退化荒地的恢复与重建

三峡库区的退化荒地主要包括泥石流、滑坡地，火烧、砍伐迹地，弃耕、退耕地，垃圾填埋场和裸岩地。总的来说，这些荒地退化成因复杂，退化程度较为严重，恢复与重建难度较大。因此，通过人工措施来加快退化荒地植被的生态恢复是荒地治理的必然选择。因树木的种植能促进当地物种向荒地扩散与定居，植树造林是荒地植被生态恢复与重建最有效的方法。

因三峡库区荒地的形成过程中植被严重地被破坏，植物群落急剧退化。荒地现存的植被多为次生裸地、草坡、灌丛，其植被的自然恢复相当于次生裸地的次生演替过程。首先是一年生草本植物的入侵；其次是多年生草本植物的定居；再次是灌木种类的定居；最后才进入森林群落的演替系列。荒地植被的自然恢复过程是极为缓慢的，一般要花费数十年乃至数百年的时间才能形成较为稳定的植被。这一过程还受土壤基质的稳定性、荒地面积的大小、周围物种多样性等因素的影响。与其他地区相比，三峡库区物种丰富，气候适宜，其荒地植被的自然恢复过程相对较快。但是为了减少环境污染，通过人工措施来尽快恢复荒地的植被仍是十分必要的。

由于荒地的形成因素、抑制因素与环境背景不同，以及其所处的演替阶段不一样，不同荒地的恢复途径与进程有着较大的区别。同一荒地类型因人工措施的不同，其具体植被的恢复进程也有较大差异。一般来说，三峡库区荒地生态系统植被恢复工程可分为两步：先锋群落的重建及复合群落的培植与发育。第一步也称为荒地植被的初始生态恢复，即在荒地上种植构建先锋植物群落。植被的初始恢复有多种方法与途径：飞播造林适用于退化不严重的、大面积的荒地植被的生态恢复，这种方法可以减少治理成本，加快生态恢复进程，特别是对于一些交通不便的山区而言，飞播造林是一种较好的植被恢复途径；人工造林则多用于生境极为恶劣的荒地植被的生态恢复，也可用于一些需快速恢复的荒地，人工造林又有多种方式与方法，如种植方法有条种与穴种之分，种植方式有纯林与混交林的区别；种子雨途径则较适宜于一些土地退化不严重的小面积的荒地的植被恢复；采用封山育林的办法，可减少人类的干扰，通过周围植物种子的自然扩散来促进荒地植被的恢复，应该结合荒地的具体情况决定植被生物恢复技术。第二步是在初始生态恢复的基础上，根据恢复与重建目标与区域内植物群落演替规律，逐步地增植与引入其他物种，丰富植被的物种多样性与系统的结构，增加系统的稳定性与可持续性，促进生态系统达到最终的恢复目标。

5. 退化建设用地的恢复与重建

本书所指的退化建设用地主要包括矿业、工程以及城镇、村庄建设留下的废弃地。它们是三峡库区退化最为严重的土地利用类型，尤其是库区大量移民、村镇迁建，以及基础设施建设等，所造成的土地退化面积较大，其恢复的难度也随之加大。但在移民迁建的过程中，有些地方不尊重科学，在城镇选址问题上随意性较大。在调查中了解和发现，巴东县新县城和忠县复兴镇选址迁建在大的滑坡体上，已建部分工程后才发现这类问题；再搬迁重建，不仅造成巨大的经济损失，还造成大量的土地退化，给本已脆弱的三峡库区生态环境雪上加霜，恢复和重建的难度加大。因此，建议在三峡库区要切实搞好城镇、村庄规划以及企业用地规划，防止类似事件再度发生。

关于退化建设用地的恢复与重建方法主要是进行土地整理和复垦，难以复垦的要进行植被恢复，其方法与退化荒地恢复与重建基本类同，此处不再赘述。

此外，还可通过调整土地利用结构、进行生态移民以及推行资源有偿使用制度等措施，来加快三峡库区退化土地生态系统的恢复与重建过程。

参考文献

蔡强国，吴淑安. 1998. 紫色土陡坡地不同土地利用对水土流失过程的影响. 水土保持通报，18（2）：1-8，35.

陈治谏，廖晓勇，刘邵权，等. 2004. 三峡库区坡耕地持续性利用技术及效益分析. 水土保持研究，11（3）：85-87.

黄健民. 1999. 长江三峡地理. 重庆：重庆出版社.

林永如. 1997. 丘陵地区坡耕地水土流失动态监测分析. 水土保持研究，4（1）：120-123，128.

庞学勇，刘世全，张世熔，等. 2002. 四川盆中丘陵坡地保土抗旱措施探讨. 山地学报，20（3）：338-342.

任海，彭少麟. 2001. 恢复生态学导论. 北京：科学出版社.

许峰，蔡强国，吴淑安，等. 2000. 坡地农林复合系统土壤养分时间过程初步研究. 水土保持学报，14（3）：46-51.

余作岳，彭少麟. 1996. 热带亚热带退化生态系统植被恢复生态学研究. 广州：广东科学技术出版社.

张建华，赵燮京，林超文，等. 2001. 川中丘陵坡耕地水土保持与农业生产的发展. 水土保持学报，15（1）：81-84.

赵燮京，张建华，庞良玉，等. 1999. 四川丘陵坡耕地综合治理的主要配套技术研究. 水土保持研究，6（2）：121-125.

朱波，陈实，游祥，等. 2002. 紫色土退化旱地的肥力恢复与重建. 土壤学报，39（5）：743-749.

Cairns J J. 1995. Restoration ecology. Encyclopedia of Environmental Biology，3：223-235.

Diamond J. 1987. Reflections on goals and on the relationship between theory and practice//Jordon W R Ⅲ，Gilpin N，Aber J. Restoration Ecology：A Synthetic Approach to Ecological Research. Cambridge：Cambridge University Press.

Jackson L L，Lopoukine D，Hillyard D. 1995. Ecological restoration：A definition and comments. Restoration Ecology，3（2）：71-75.

Jordan M E G，Aber J D. 1987. Restoration Ecology：A Synthetic Approach to Ecological Restoration. Cambridge：Cambridge University Press.

Middleton B. 1999. Wetland Restoration：Flood Pulsing and Disturbance Dynamics. New York：John Wiley & Sons，Inc.

Vander V. 1999. Succession theory and wetland restoration. Proceedings of INTECOL's V International Wetlands Conference，Perth，Australia.

参考文献